非暴力沟通：
最受欢迎的
沟通方式与技巧

林思诚◎编译

成都地图出版社

图书在版编目（CIP）数据

非暴力沟通:最受欢迎的沟通方式与技巧／林思诚
编译. -- 成都：成都地图出版社有限公司，2018.10
（2025.5 重印）
ISBN 978 - 7 - 5557 - 1061 - 5

Ⅰ. ①非… Ⅱ. ①林… Ⅲ. ①心理交往 - 通俗读物
Ⅳ. ①C912.11 - 49

中国版本图书馆 CIP 数据核字（2018）第 237984 号

非暴力沟通:最受欢迎的沟通方式与技巧
FEIBAOLI GOUTONG:ZUI SHOU HUANYING DE GOUTONG FANGSHI YU JIQIAO

编　　译：林思诚
责任编辑：陈　红
封面设计：松　雪
出版发行：成都地图出版社有限公司
地　　址：成都市龙泉驿区建设路 2 号
邮政编码：610100
电　　话：028 - 84884648　028 - 84884826（营销部）
传　　真：028 - 84884820
印　　刷：三河市众誉天成印务有限公司
开　　本：880mm×1270mm　1/32
印　　张：6
字　　数：136 千字
版　　次：2018 年 10 月第 1 版
印　　次：2025 年 5 月第 7 次印刷
定　　价：35.00 元
书　　号：ISBN 978 - 7 - 5557 - 1061 - 5

前　言

　　沟通是一种爱与关怀的艺术。　只有正确的沟通方式才能带来我们内心真正想要的好结果。　在现实生活中，人与人之间的沟通会不可避免地出现无心或有意的言语上的不当，言语上的指责、嘲讽、否定、说教，以及任意打断、拒不回应、随意出口的评价和结论等等，给我们带来的情感和精神上的创伤，比肉体上的伤害更加令人痛苦。　这些无心或有意的语言暴力让人与人之间变得冷漠、敌视。

　　著名的马歇尔·卢森堡博士发现了一种沟通方式，依照它来谈话和聆听，能使人们情意相通，和谐相处，这就是"非暴力沟通"。　通过非暴力沟通，世界各地无数的人们能获得爱、和谐和幸福。

　　本书从专业的心理学角度告诉你，如何突破那些引发愤怒、沮丧、焦虑等负面情绪的思维方式；如何在家庭、工作、生活中超越个人心智和情感的局限性，用不带伤害的方式更好地表达自我和理解他人；学会建立和谐的生命体验等，以期达到深层的、发自内心的沟通。　通过系统的介绍，将打开非暴力沟通的密码告诉你，教你如何在工作和生活中习得非暴力沟通，带领你走向充满爱与关怀的生活。

　　《非暴力沟通：最受欢迎的沟通方式与技巧》用通俗易懂的语

言、娓娓动人的故事、实际有趣的例证，向读者介绍了各种情况下的非暴力沟通艺术以及非暴力沟通的训练方法，其内容易懂易学，方便实用，借鉴性和操作性极强。 翻开此书，愿能够帮助你解决人际交往中的沟通问题，用非暴力的沟通方式收获良好的人际关系。

2018 年 8 月

目　录

第一章

学会忍耐，是非暴力交流之本

冲动，绝不是真正英雄的性格

　　美利坚合众国的人民有史以来最尊敬、最重视的伟人，是被评为美国三大总统之一的乔治·华盛顿。他是美国人民的伟人。他在历练自己性格方面的事迹，给人们留下了深刻的印象。年轻时的所有不幸遭遇，造就了华盛顿众所周知的坚韧不拔的性格，他学会了成功地对付环境的唯一办法，是要严格地控制自己容易激动的性格。

　　甚至在华盛顿还是一名懵懂的小学生时，就开始了他毕生不断的，约束自己情绪的努力，他辛勤地抄写了一百多条"怎样成为一名绅士"的准则，其中包括不要在饭桌上剔牙，以及同别人谈话时不要离得太近，以免"唾沫星子溅在人家脸上"等诫言。

　　1754年，已经身为上校的华盛顿率部驻防亚历山大市，当时正值弗吉尼亚州议会选举议员，有一个名叫威廉·佩恩的人反对华盛顿支持的一个候选人。有一次，华盛顿就选举问题和佩恩展开了一场激烈的争论，其间华盛顿失口，说了几句侮辱性的话。身材矮小、脾气暴躁的佩恩怒不可遏，挥起手中的山核桃木手杖将华盛顿打倒在地。

　　为了给他们的长官报仇雪恨，华盛顿的属下蜂拥而至，可是在这个时候，华盛顿却出面阻止并说服大家，平静地退回了营地，一切由他自己来处理。翌日上午，华盛顿托人带给佩恩一张便条，约他到当地一家酒店会面。佩恩自然而然地以为华盛顿会要求他道歉，以及提出决斗的挑战，料想必有一场恶斗。到了酒店，大出佩恩之所料，他看到的不是手枪，而是酒杯。华盛顿站起身来，笑容可掬，并伸出手来迎接他。

华盛顿这样说："佩恩先生，人都有犯错误的时候，昨天确实是我的过错，你已采取行动挽回了面子。如果你觉得已经足够，那么就请握住我的手，让我们做个朋友吧！"这件事就这样皆大欢喜地了结了。从这之后，佩恩和华盛顿冰释前嫌，而且成了华盛顿一个坚定的崇拜者和支持者。

人们都应该明白这样一个道理，冲动的性格，绝不是真正英雄的性格。冲动是魔鬼，完事就后悔。一个人如果想要获得成功，想要征服别人，获取别人的信任与尊重，靠冲动是不可能的。如果想获得成功，只能依靠你的智慧和谋略，你个人的精神风采。确实，人需要激情，也需要冒险，而且需要长久保持那种具有积极意义的激情和冒险精神，但是我们所需要的冒险激情绝对不可以是头脑发热的激情，那与动物何异？我们所需要的冒险精神应该是理智的和清醒的，是通过一种充分获得信息并客观分析之后才能建立起来的。然而这是需要磨炼的，万事万物都不可能是头脑一热，一冲动就能行的。为了能更加有效地利用你自己已有的激情，为了能够增加你的冒险的成功可能性，必须进行强硬的自我控制，坚决防止冲动情绪左右你的行动。

懂得如何控制你的愤怒

愤怒是一种极具杀伤力的负面情绪，它不仅能够摧毁你的健康，而且还能扰乱你的思考，给你的工作和事业带来不良的影响。

愤怒时多想想盛怒之下失去理智可能引起的种种不良后果，不断地在心中提醒自己"不要发怒"，努力控制自己的情绪，不使愤怒决堤。

有的人爱发脾气，容易愤怒，稍不如意便火冒三丈。 发怒时容易做出不理智的行为，轻则出言不逊，影响人际关系；重则伤人毁物，有时还会造成难以挽回的损失，事后让人后悔万分。

愤怒是一种常见的消极情绪，它是在人对客观现实产生不满后，或者个人的意愿一再受到阻碍时产生的一种身心紧张的状态。当人的需要无法得到满足时，当遭到失败、遇到不公、个人自由受限制、言论遭人反对、无端受人侮辱、隐私被人泄露、上当受骗等情况发生时，人就会产生愤怒情绪，愤怒的程度会因诱发原因及个人气质的差异而有不满、生气、愤怒、恼怒、大怒、暴怒等不同层次。 发怒是一种短暂的情绪紧张状态，犹如暴风雨一样来得猛去得快，但在短时间里会有较强的紧张情绪和行为反应。

易怒者主要与人的个性特点有关，大多数易怒者的气质类型都属于胆汁质。 胆汁质的人直率热情，容易冲动，情绪变化快，脾气急躁，容易发怒。 同时，易怒与年龄也有关系，青年人年轻气盛，情绪冲动而不稳定，自我控制力差，与成年人相比更易发怒。

愤怒的情绪对人的身心健康十分不利。 人在愤怒时，由于交感神经兴奋，心跳加快、血压上升、呼吸急促，所以经常发怒的人易患高血压、冠心病等疾病。 愤怒还使人食欲降低、消化不良，最终产生消化系统疾病。 而对一些已有疾病的患者，愤怒会使其病情加重，甚至导致死亡。 这一点古人早有认识，如中医认为"怒伤肝""气大伤神"等。

一般而言，生气时刻可归类为下列几种：

（1）当你因某种因素感到受挫、受胁迫或被他人轻蔑时。

（2）当你朝向前方目标靠近，却由于某人的行为而受到阻碍时。

（3）当着实受到严重伤害时，为了不显示自己的脆弱，于是代之以愤怒，以求自卫。

（4）当某种情境或某人的行为勾起往日令人不堪回首的回忆时。

（5）当觉得自己的权利被剥夺，或被他人误解时。

（6）当受到惊吓或处事不当时，自己生自己的气。

生气对于我们来说不可避免，但却鲜有人知道该如何来处理这种情绪。 为了了解其中的原因，也为了寻求愤怒产生的根源，现在就让我们概要地来看一看一些可能伴随愤怒而来的情绪。

1. 自以为是

当我们对某件事感到愤怒时，容易坚信自己是站在正义的一方，而他人都是错的。 在此种情况下，你不妨先问一问自己，事实真是如此吗？ 如果你仍然毫不怀疑，继之选择了表达自己的愤怒，如此一来，你会变得得理不饶人。 你不妨扪心自问一下，你真的想让对方尝尝你的厉害吗？ 如果你有一丝一毫这种感觉，那么，原因可能是你太看重自己了，抑或将他人的所作所为均看成与己相关，而非仅是他人的因素。举例来说，如果有个朋友答应你，要在星期一之前打电话给你，告知你能否帮你处理宴会事宜，但现在已经星期三了，而她依然没打电话过来，你感到非常气愤，但你不要认为她一点都不尊重你，也许她只是有事耽搁了，所以无法打电话给你。纵使这样，或许并不能让愤怒消失无踪，但起码你要试着控制住它。

2. 自尊受损

事实上，如果我们觉得自尊心受损，我们可能就会把事情看得过于个人化，认为他人的行为均是为了攻击或侮辱你，即使他们并未存心如此。

3. 好下结论

此项与前两项，尤其是"自以为是"，关系十分密切。有人做了我们无法苟同的事，因此"他一定是错的"。如果你喜欢下结论，你的思考一定倾向于这种方式，如"他绝对是个愚笨的人"等等。

倘若我们存有这种想法与感觉，往往就会在我们和相关者谈话时，完全毫无知觉地显露出来。毕竟，很少有人真的会直接明白地说出自己愤怒的原因。

我们应该怎么来克制自己的愤怒情绪呢？

首先，可以通过意志力控制愤怒，减少愤怒情绪产生的频率，或有愤怒不发作。当我们愤怒时，要多想想盛怒之下失去理智可能引起的种种不良后果，告诉自己"不要发怒"，努力控制自己的情绪表现，这样可以起到控制愤怒的作用。

其次，可以主动释放愤怒情绪，向他人倾诉自己心中的愤怒、不满，从亲朋好友处得到规劝和安慰，缓解怒气。同时，可以在工作、学习中与使自己愤怒的人进行沟通，说出自己的意见，使矛盾得以调和、使不满得以消除。

另外，易怒的人应少接触使自己发怒的环境，减少愤怒情绪，或者在即将发怒时通过转移注意力而减轻愤怒，并尽快离开当时的环境，避免刺激影响扩散，逐渐使愤怒情绪消退。发怒时，可以看电影、逛公园、听音乐、散步，将自己的注意力转移到与愤怒无关的活动中，新的活动内容激发新的情绪，可降低愤怒的程度。

具体而言，我们可以采取以下方法来控制自己的愤怒：

1. 正面行动

愤怒提醒了我们，世事并非都如人所愿。不满是催人向上的一种情绪，少了它，人们就只会接受现状，而不会为了自己的目标而努力，而采取任何行动。举例来说，如果 20 世纪初的女性未曾因自己被剥夺公民权而感到愤怒，那么，她们也就不会奋力争取投票权了。

2. 缓解压力

表达愤怒可以缓解压力，否则焦虑的情绪会使人产生焦虑感，甚至患上疾病，这些症状均可借由愤怒的宣泄得到化解。但是，这不等同于我们必须将愤怒直接发泄在生气的对象身上。

3. 更为开诚布公

愤怒可以使得双方关系更为开诚布公，进而互相信赖。如果你知道别人希望和你交谈是想解决最为棘手的核心问题，而非只是将其含糊带过、忽视问题的关键所在，那么，一股崇敬之情便会油然而生。

4.情感疏通

当我们产生负面情绪时，若确实能够触及自己真正的感受（包括愤怒在内），并加以适当处理，那么，我们就不太可能将那些未表达或封闭的情绪囤积起来，也能防止产生巨大的内心压力或出现严重的沟通障碍。

5.实现目标

不容忽略的是，存在于愤怒情绪中的能量，同样为实现目标提供了动力。如果运用得当，它将能够帮助我们成为一个自信、坚定的人，能够适当地表达自己的内在感受，同时追求生命中梦寐以求的事物。但请务必谨慎处理。

大丈夫要能伸能屈

根据科学家考证表明，有一种生长在马达加斯加的竹子，花期过后一亩的种子产量能够高达 50 千克。可开花结籽却要等 100 多年。竹子开花的时间由于品种有别，最短的也为 15～20 年，可这种品种的数量很少，大多数品种都是 120～150 年开花结籽一次。这种奇特的生理现象让生物学家觉得十分不解。可调查出来的结果却是简单而理性的：为了它们的种子不被吃掉，喜欢吃竹花或竹籽的动物很少有活得过 100 年的。竹子为了一次开花结籽要等 100 多年，100 多年却对所有视而不见。这种沉默的忍耐造就了完美的生命，同时启发我们忍耐的重要。

常言道："忍一时，风平浪静；退一步，海阔天空。"也就是说，我们在某些情况下，不要一味使用鲁莽去碰壁，而应该分析形势，做出某些以退为进的策略。

韩信可以忍胯下之辱，最终成为诸侯。但是，可以以忍求生，图谋大业的人还应该算是越王勾践。

他自己十分清楚，当时的情形只有忍辱，才有可能日后东山再起，如果不忍，不要说东山再起，怕是连命都保不住。

勾践做越王的时候，吴王阖闾进攻，勾践打败了阖闾，吴王夫差继位。为了替父报仇，吴王一点没有松懈，历经两年的准备，他以伍子胥为大将，举国内所有精兵，打败越国，勾践走投无路，后来走伯嚭的门路与吴国达成了商议。

议和的条件是，勾践和他的全家到吴国来做奴仆，同行的还有大夫范蠡。吴王夫差让勾践夫妻为自己的父亲吴王阖闾守坟，为自己养马。那是一座十分破旧的石屋，冬天好比冰窟，夏天好似蒸笼，勾践夫妇和大夫范蠡在这里生活了3年。除了天天一身土、两手粪以外，夫差出门坐车时，勾践还得在前面为他牵马。每当从人群中走过的时候，就会有人议论纷纷："看，那个牵马的就是越国国王！"

勾践从一国之君的身份变成奴仆，忍了；为人养马加受奴役，忍了；勾践最能够忍的一点就是尝吴王的粪便。吴王病了，勾践为表达忠心，在伯嚭的指导下，去探视吴王，恰好吴王出恭，等吴王出恭后，勾践特意品尝吴王的粪便，于是就恭喜吴王，说他的病很快将会痊愈。这件事在吴王放留勾践的态度上起了决定性作用。后来吴王的病真的好了，勾践此时已彻底取得了吴王的信任，吴王见勾践真的听从自己就把他放了。

勾践在这件事上所体现出来的忍辱确实是普通人做不到的。我们不排除勾践是想想尽一切方法回国，但就这种行为的确让人自叹不如。仔细想想这一时期勾践的忍，那是十分恭顺的忍。而他之所以会强忍着这所有的一切屈辱，为的就是以后的崛起。勾践的高明之处就在这里，面对一切屈辱，从容自若，这仿佛与中国历史上的大英雄、大丈夫有些相背离。常言道，"宁为玉碎，不为瓦全"，"士可杀不可辱"。这些话都是对那些誓死不屈、宁死不降的英雄们的夸奖，这些自然让人赞叹。但中国还有一句教人处世的名言警句："留得青山在，不怕没柴烧。"那位四面威风的西楚霸王就给我们留下了很多的教训，乌江岸边，乌江亭长劝他："江东尽管小，不足够大王称王称霸，但日后肯定也能干一番大事业。"而项羽是个宁折不弯的汉子，怎肯过江呢？于是自刎身亡。但事实上，项羽过江后楚汉相争可能会是另一番情景，可能他能一统天下。尽管这些都是可能，但我们不能否认，项羽是个顶天立地的大丈夫。可有些时候，也的确需要这些英雄人物忍耐一时，接着设法东山再起。

坚韧不拔，忍辱负重，最终是为了完成某种目的。勾践坚韧能忍是为了灭吴兴越，忍到特定时刻总有爆发的一天，假如一味地忍下去，则是个性懦弱的表现，而勾践最终忍到该向吴国发难的时候了。结果恰如勾践所愿，一开战便把吴军打得大败，这次卑躬屈膝的不再是越王勾践，却是吴王夫差。夫差也恰如当年勾践向自己称臣为奴一般，打算投降勾践，勾践很害怕夫差，想应下夫差的请求，可被范蠡劝住了，最后吴国灭亡了，吴王夫差自杀身亡。那时中原的几个大诸侯国，都身处于低谷之中，不少小国投降了勾践，因此，勾践俨然成了最后一代春秋霸主，最终一吐心中二十多年的压抑。是坚韧不屈的个性、忍辱负重的精神成就了春秋末代霸主。

从勾践的称霸过程来看，坚韧、能渡过困难是他成功路途中不可或缺的因素。

在一个高手如林的社会中，忍是一种韧性的斗争，是一种糊涂的做人手段，是战胜人生危难和阴险的有力武器。凡能忍者，一定志向远大。凡志向远大者，定可以识大体、顾大局。而忍就是识大体、顾大局的体现。古往今来，能成非常之事的人都懂得忍的意义。

可在现实生活中，忍是医治磨难的良方。由于生活中的琐碎小事太多，一不留神就会招惹是非。因此，糊涂学主张忍一时风平浪静，退一步海阔天空。忍一时之怒，是脱离被动的局面，同时也是一种对意志、毅力的锻炼，为日后的奋发图强、励精图治、事业有成奠定了一般情形下所不能获得的根基。遇事三思而后行，把忍放在心头才是最终策略。

把忍用到恰当处

先人曾作过一首"百忍歌"，尽管不尽可取，但现在读来也十分有教益。文中写道："能忍贫亦乐，能忍寿亦永，不忍小事变大事，不忍善事终成恨……忍得淡泊可养神，忍得饥寒可立品，忍得勤苦有余积，忍得语言免是非……"可是，在日常生活中，人们的忍耐精神是很不够的，有的人由于一点小事就大动干戈；有的人由于几棵白菜大打出手，甚至送掉几条性命。事实上都是一些小事，却闹得不可开交……要怎样练好这个"忍"字，看来也是我们每个人不可忽视的一个课题。

有一次，一位朋友由于一点小事与人发生了争执，一气之下就打了别人几巴掌，那人当场就晕过去了，送到医院检查，确诊人家耳朵出了问题，赔偿了几千元不说，还被拘留了好几天。事后他后悔不迭地说："当时要是听你的，忍一忍也就没事了。"

的确，日常生活中有很多矛盾大多都是由于一些鸡毛蒜皮的小事，只要忍一忍也就化解了。可要做到却十分不容易。

忍字心上一把刀，它告诫我们："忍"必须要有巨大的克制力！

古往今来，中华民族有"忍"的美好品德，蔺相如让廉颇，忍得廉颇抛开傲慢，求得将相的团结，使"将相和"的故事流传后世；韩信忍得胯下之辱，才有了汉王朝的大业。

一个人假如达到了忍的至高境界，那他面对挫折就能坦然，面对嘲笑就能凛然，面对名利就能淡然。

要到达至高境界，需要历练，需要磨炼。我们要从生活小事做起，一点一滴去养成，从小到大，从浅到深，从不习惯到习惯，把自己培养成一个有修养、有涵养的人。

以前，在古印度南部，有个侨萨罗王国。国中出现了五百个强盗，占山扎寨，拦路抢劫，胡作非为，杀人放火，无恶不作，商客游人和地方平民深受其害。地方官员多次用兵，一直不曾获胜。只好通知国王，国王派精兵良将前来围剿，经过十分激烈的战斗，五百名强盗战败当了俘虏。

国王决心对人们恨之入骨的五百强盗执行酷刑。当时，刑场防备森严,杀气腾腾。兵士手持尖刀将赤身裸体、头发凌乱、捆在刑柱上的强盗的双眼挖掉,有的还割掉鼻子、耳朵,接着将其放逐到十分荒凉的深山老林中。这座山谷树木葱茏,狼嗥虎啸,阴森恐怖,衣食无着。强盗们十分悲愤,撕心裂肺地绝望地吼叫着。

凄惨的呼叫声遍布四野,也传进了释迦牟尼的耳中。他明白这是五百强盗在生死边缘上挣扎呼救,于是用神力送来了香山神药,吹进了五百强盗的眼睛里。马上,五百强盗个个重见光明。释迦牟尼亲临山谷,给五百强盗说经讲法:"正是由于你们从前作恶多端,才有现在的苦难。只要洗心革面,弃恶从善,皈依佛门,就能赎清罪恶,修成正果,逃离苦海,进入极乐世界。"众强盗听了佛祖的教诲低头悔过,口称尊师,成了佛门弟子。从那以后,山谷中的森林被叫作"得眼林"。很多年后,以前的五百强盗最终修成正果,成为五百罗汉。

忍让、容忍是中国的优良传统。常言道,"得饶人处且饶人","退一步海阔天空"。连佛祖都宽容了五百强盗,更何况我们这样的普通人呢?

在人与人之间的正常交往中,宽容忍让是一种可取的人生心态。它让我们的民族、家庭关系平稳,人际关系和睦。我们与家人、朋友、同事,甚至陌生人在不同的场所交往接触,总免不了有意见相左、磕磕碰碰的时候。只要不是原则性的问题,各自主动退让,宽以待人,不要在意,就有利于减少冲突,维护人际间的和睦,于人于己,都是有益身心的事情。特别在当今社会,出现过于计较个人功利的趋向，这时，宽容忍让的精神更是应当加以主张。

可是，任何事情都不能太极端，宽容忍让也要有尺度。

一条大蛇为害人间，伤了不少人畜，致使农夫不敢下地耕田，商贾不能外出做买卖，大人无法放心让孩子上学，最终，每个人都不敢外出了。

大家听说有个住持是位高僧，讲道时连顽石都会被点化，不管多凶狠的野兽都会被驯服。大家无奈之余，便到寺庙的住持那儿求援。

很快，大师就以自己的修为，驯服并教化了这条蛇，不仅教它不可任意伤人，还点化了很多做人处世的道理，而蛇也在那天似乎有了灵性。

人们渐渐发现这条蛇彻底变了，甚至还有些胆怯与懦弱，因此纷纷欺侮它。有人用竹棍打它，有人拿石头砸它，连一些顽皮的小孩，都敢去捉弄它。

某天，蛇遍体鳞伤，气喘吁吁地爬到住持那儿。"你怎么啦？"住持见到蛇这般模样，不由大吃一惊。"我……我……我……"大蛇一时间无言以对。"别急，有话慢慢说！"住持的目光满是关心。"你不是一再教训我应该与世无争，和大家和谐相处，不要做出伤及人畜的举止吗？但是你看，人善被人欺，蛇善遭人戏，你的驯服真的对吗？""唉！"住持叹了一口气后说道，"我只是让你不要伤及人畜，并没有不让你吓唬他们啊！""我……"大蛇再次无语。

我们主张"忍"的精神，要宽以待人，忍辱负重，平和豁达；

不要在一些细枝末节上斤斤计较，坠入"非此即彼"的极端思维；要大事明白，小事糊涂。可，忍要有度，要忍在刀刃上。不是所有的都要一味去忍，变成一个十分麻木、胆怯、奴性十足的人。当坏人作恶时，你不能忍；当别人有困难请你相助时，你忍不得……忍，假如去掉"心"，那就丧失了良心和品德，那你的忍就是残忍，就是罪恶。所以，我们要把这个"忍"字用到恰当处。

学会低头，是处世的基本哲学

民间流传着一句十分贴切的俗话："低头是稻穗，昂头是稗子。"越成熟、越饱满的稻穗，头垂得越低。只有那些穗子里空空如也的稗子，才会表现得招摇，一直把头抬得老高。

要想抬头，务必先懂得低头。假如不懂得低头，就可能会碰得头破血流，甚至为此而丧失性命。

在《史记》里记述着这么一个故事：

战国时期的范雎本是魏国人，后来他到了秦国。他向秦昭王献上"远交近攻"的策略，深为昭王所赏识，因此，他官至宰相。可是他所推荐的郑安平与赵国作战失败，这件事使范雎心情消沉。按秦国的法律，只要被荐举的人出了纰漏，荐举人也要受到惩处。但是，秦昭王并没有问罪范雎，这使得他心情愈加沉重。

有一次，秦昭王故意叹气道："当今内无良相，外无勇将，秦国的前途的确令人焦虑呀！"

秦昭王的意思本来是刺激范雎，要他振奋起来再为国家效劳。但是范雎心中另有所想，感到非常恐惧，因而误解了秦王的意思。正好这时有个叫蔡泽的辩士来拜见他，对他说道："四季的轮换是周而复始的：春天做完了滋生万物的重任后就让位给夏；夏天完成养育万物的重担后就让位给秋；秋天完成成熟的任务后就让位给冬；冬天把万物冷藏起来，又让位给春天……这就是四季的轮换法则。现在你的身份，在一人之下万人之上，日子一久，怕有不测，应该把它让给别人，才是明哲保身之真谛。"

范雎听后，很受启发，便马上引退，而且荐举蔡泽继任宰相。这不仅保全了自己的富贵，而且也体现出了他大度无私的精神风格。

后来，蔡泽上任宰相，为秦国的强壮做出了重大贡献。当他听到有人指责他后，也毫不犹豫地放弃了宰相的宝座而做了范雎第二。

由此可知，聪明的智者都不会一味地贪图富贵安逸，在合适的时候，他们都会主动退出舞台，来保全自身。

在现实生活中历练过的人都能明白，谦虚常常被看成胆怯。这种生活态度与其说是软弱，不如说是历经人世辛酸之后一种肯定的成熟。那些高谈阔论、不以为然的人，对这个问题，乃至人生的认识明显有限，所以表现出来的，只是一种十分无知的强劲，一种似强实弱的强。真正的大智慧，属于谦逊的人。

现在的社会，变幻莫测，十分复杂。所以，在漫长的人生跋涉中，不得不学会低头。可学会低头并不是妄自菲薄与自卑，学会低头是谦虚、小心。

在日常生活中，我们应该试着去学会低头，学会认输。事实上，这并不难。只是当你明白，自己摸到一张烂牌时，不要再盼望这一盘是赢家。只有白痴才在运气不好的时候，对自己手中的一把烂牌说，我们只要付出就务必会成功。学会低头，就是在陷入泥潭时，懂得及时爬起来，远远地离开那个泥潭。只有傻瓜才会在十分狼狈的时候，对我们脚下的鞋子说，我们是出淤泥而不染的。学会低头，就是在坐错了公交车时，及时下车，去坐另一趟车。

低头是需要胆识的，试想，为争一时之气而拼个你死我活，对己对人又有什么好处呢？泰山压顶，先弯一下腰又怎样？折断了就是断了，而弯一下腰还有站起来的机会。

　　明太祖朱元璋时期，有一位吏部官员，名叫王朴，由于直谏，触犯龙颜而被罢官。很快，又被起用做御史。在朝廷之上，多次与皇帝争论是非，不愿屈服。一日，为一事与明太祖争论得十分厉害。太祖一时十分恼怒，下令杀了他。等临刑走到街上，太祖又把他召回来，问："你改变自己的观点了吗？"王朴回答说："陛下不觉得我是无用之人，晋升我担任御史，奈何摧残污辱到这个地步？如果我没有罪，如何能杀我？有罪何必又让我活下去？我现在只求速死！"朱元璋勃然大怒，马上催促左右赶快执行死刑。

不是说性格耿直不好，可王朴的确是很不开窍，心中那种傲气犟劲一产生就没法控制，并且愈来愈旺，连皇帝给他机会都不要。

这自然是愚忠，但也与他心高气傲、不明白处世策略有很大关系。他不懂得弯与直的辩证法——特别在一言九鼎的皇帝面前，以致毫无意义地断送了自己的生命。

在人生旅途中，我们往往由于光彩的事物而迷失了方向，用不屈不挠、百折不回的精神坚持到底，结果输掉了自己。因此，用平静的心情，学会低头，这恐怕是最基本的生活常识吧。

学会向生活俯身，学会融入生活，这是我们每一个人成长的必经之路。在独特化、时尚化、特殊化泛滥的目前，可能很多人会对"向生活低头"嗤之以鼻，觉得是陈年旧物。事实上，学会向生活低头，就是学会了更好地融入身边的生活范围中，更快地适应生活。深谙"外圆内方"的处世之道，可以更好地同别人相处。多为别人着想，少为满足自己的私欲而伤害他人，也最容易赢得大家的喜欢。

学会向生活低头，也就是学会"蓄势"，为将来"待发"做好充分的准备，明白厚积薄发之理。余秋雨先生在《为自己减刑》一书中说过，他的一位狱中朋友由于受其启发，在监狱里努力学习英语，并终有所成。刑满释放的时候，带出了一本 60 万字的英语译稿，他神采飞扬，一点不像尝过牢狱之灾的人！他的这位朋友领悟了向生活低头，领悟了"利用"生活，明白了先"委屈"于生活，后"俘虏"生活，最后可以主宰自己的命运。

学会低头，是处世的一门基本哲学，是为人的一种最高境界，是努力生活着和生活过的人的一种很好的领悟、总结。

第二章

宽容大度，是非暴力沟通的前提

快乐来源于大度

那是一个美丽的清晨，当洛伦斯把牛奶送到杰克逊的堂兄家时，不像往常那么愉快。这个瘦小的中年男人看起来没有和人交谈的心情。杰克逊一家到加利福尼亚州的劳恩德尔镇不过几个星期。在找房子期间，她和丈夫、孩子们一直寄住在堂兄家里。当洛伦斯把牛奶器皿从金属托架上拿下来的时候，终于面色阴郁地说出了事情的大概。

有两个客户没结账就离开了小镇，他将不得不自己掏钱赔补。其中一个只欠了 10 便士，但是另一个却拖欠了 79 便士，并且没有留下地址。洛伦斯对于自己允许欠账的愚蠢行为感到万分沮丧。"她是个美丽的女人，"他说，"有 6 个孩子，而且另一个也快要出生了。她总是说：'等我丈夫一找到第二份职业，我就尽快付你钱。'我竟然相信了她。我多蠢！原以为我做了一件好事，但我得到了教训。"

杰克逊所说的只是："亲爱的，我很遗憾。"当她再次看到洛伦斯时，他看起来怒气更甚。谈到那些喝光了他牛奶的脏孩子们时，他气得头发都竖起来了。杰克逊希望能帮助洛伦斯恢复以往平静的心绪。她想到圣诞节快到了，并且记起祖母常说的一句话："当别人拿走你东西的时候，你就给他们，这样你就永远不会感到自己遭受了掠夺。"下一次，洛伦斯送牛奶来，杰克逊告诉他自己有办法使他对那79便士感觉好过一些。

"我不相信有什么办法，"他没好气地说，"不过说来听听。"

"就当是把牛奶送给了那妇人，作为圣诞礼物送给了那些需要它的孩子们。"

"你在开玩笑吗？"他气恼地回答，"我甚至还没有给我妻子送过那么贵重的礼物哩。"杰克逊不再说什么，但她仍然相信自己的建议是正确的。他再来时，杰克逊一家就拿这个建议开玩笑。"你还没有给她牛奶吗？"杰克逊会这样笑着问。"没有，"他反驳说，"不过我正在考虑送一份价值79便士的礼物给我的妻子，除非另一个美丽的母亲也想利用我的同情心。"

每一次杰克逊问这个问题，他都好像变得更轻松一点。然后，圣诞节前6天，那件事终于发生了。他来的时候，脸上绽放着笑容，眼睛熠熠发光。"我做过了！"他说，"我把牛奶作为圣诞礼物送给她了。这样做不容易，但我又失去了什么呢？都过去了，不是吗？"

"是的。"杰克逊真替他高兴。"我真的觉得好多了。这正是圣诞节我有一个好心情的缘故。是我使那些孩子们有许多的牛奶放进他们的麦片粥里。"

假日来了，又过去了。两个星期后，一个阳光明媚的早晨，洛伦斯差不多是兴冲冲地跑着来的。"等一等，听我说。"他说。他在另一个镇听到有人叫他的名字，回过头去看到一个妇人正沿着街道跑过来，手里挥着钱。他立即认出了她——那个有很多孩子、没有付账的女人。她长长的褐色头发一直遮到她幽怨而漂亮的眼睛。"洛伦斯，等一会儿。"她喊道，"我有钱给你。"洛伦斯停住卡车，走出来。

"我很抱歉，"她面色绯红地说，"我真的一直想付你钱。"她的丈夫有一天晚上回家，说他找到了一个更便宜的公寓，也找到了一个可以晚上干的工作。于是他们立即搬了家，但她却忘了再留下一个地址。"我已经有一点积蓄了，"她羞涩地说，"这儿是 20 便士，先还一部分。"

"不用了，太太，"洛伦斯微笑着回答，"已经付过账了。"

"付过了？"她惊呼，"什么意思，谁付的？"

"我。"洛伦斯抑制不住内心的自豪与喜悦说。

她朝他看着，好像他是天使，然后她嘤嘤地哭了。"我不知道为什么，我也哭了，我一点都不明白我哭什么。然后我想到了那些孩子们在圣诞节时有牛奶放在飘香的麦片粥里，你知道那是一种怎样激动的心情吗？我真高兴你对我说那些话。"洛伦斯说。

"你没拿那 20 便士？""当然没有，"洛伦斯憨厚地笑起来，"我是把牛奶作为圣诞礼物送给她的，不是吗？"

"是的，是的！"杰克逊含着泪水不停地点头，她突然明白：真正的快乐来源于大度和帮助，而刹那间，自己也就成了光芒四射的天使！

人们必须要懂得这样一个道理：只有学会了大度，才能学会尊重和理解。 如果一个孩子学会了大度，就会在长大之后形成善良的品格，这种品格能帮助其减少仇恨、暴力和偏执等邪恶行为，同时还能让我们以善良、尊重和理解来对待别人。 这样也会让别人如此对待我们，于是世界也就因为我们而变得更加美好一点。

宽容聚众义，大度集群朋

为人处世，首先应该提倡"豁达大度"的胸怀。 豁达，也就是说性格开朗；大度，也就是说气量宏大。 合起来讲，我们在处理人际关系时，应气量宽宏，能够容人。

气量与容人，犹如器之容水，器量大就容水多，器量小就容水少，器漏则上注而下逝，无器者则有水而不容。

古语道："大度集群朋。"一个人若可以有宽宏的度量，那么他的身边便可以集结起大群的知心朋友。 大度，表现为对人、对友能求同存异，不用自己的特殊个性或癖好律人，只以事业上的志同道合为交友根本；大度，也表现为可以听得进各种不同意见，尤其可以认真听取相反的意见；大度，还要可以容忍朋友的过失，尤其是在朋友对自己犯有过失时，可以不计前嫌，一如既往；大度，更应表现为可以虚心接受批评，一旦发现自己的过失，就立即改正，与朋友发生矛盾时，能够主动检查自己，而不文过饰非，推卸责任。 大度者，会关心人、帮助人、体贴人，责己严，待人宽。

气量大，还表现为在小事上不较真，不因小事斤斤计较、耿耿于怀。 人生在世，谁都可能碰到这样或那样的让人不快的小摩擦、小冲突。 他人一冒犯了自己，便犯颜动怒，或者秋后算账，这样只会将自己孤立起来。"私怨宜解不宜结",在处理与朋友的关系时,尤其应该如此。"大事清楚,小事糊涂",不计较小事,这是一种美德。假如朋友之间可以心地坦然,相互信赖,相互谅解,有了意见可以及时交换,那么,彼此之间即便有些成见也是不难消除的。有些青年之间容易结死疙瘩,就是由于心胸狭窄,气量狭小,爱纠缠小事,时间久了,意见变成成见,怨气变成怨恨,感情上就会格格不入进而反目成仇。在小事上宽大为怀,不会让你蒙受损失,只会让你受人敬佩。西汉时的韩信,在年轻潦倒之时,曾有人逼他从胯下钻过去,确实是够欺人的。后来,韩信被刘邦拜为大将,他不仅没有杀这个人,反倒赏之以金,委之以官,使其大受感动,不仅消除了私怨,最后还成为舍命保护韩信的勇士。韩信这种"以德报怨"的办法,比起有些青年一感到被欺负便"针锋相对""以牙还牙"的做法来,实在要高明得多。

一个人的气量是大是小,在心平气和时较难辨别,而在和他人发生矛盾和争执时,就容易看清楚了。气量宽宏的人,不将小矛盾放在心上,不计较他人的态度,待人随和。而气量狭小的人,则常常偏要占个上风,讨点便宜。还有的人在与他人的争论中,在自己为正确的一方,成为胜利者的时候,就心情舒坦,较为愿意谅解对方;但在自己为错误的一方,成为失败者的时候,则常常容易恼羞成怒,对人家耿耿于怀,这也是气量小的一个体现。朋友之间的争论是常有的,一个真正豁达大度的人,不应当因为他人与自己争论问题而对人家耿耿于怀,更不应当因为他人驳倒了自己的意见而恼羞成怒。

宽宏的度量,常常包含在谅解之中。要想遇到不顺心的事且不发脾气,就必须养成可以原谅他人缺点与过失的习惯。待人接物,不应过于苛求,"水至清则无鱼,人至察则无徒",对他人过于苛求，常常让自己跟他人合不来。 社会是由各式各样的人组成的。有讲道理的，也有不讲道理的；有懂事多的，也有懂事少的；有修养深的，也有修养浅的。 我们总不可能要求他人讲话办事全符合自己的标准与要求。 真正的豁达大度者，在那些懂事较少、度量较小、修养较浅的人做了得罪自己的事情时，可以宽容他们，谅解他们，不与他们一般见识。 从这个意义上讲，那些最豁达、最可以宽容的人，就是最善于谅解人、最通达世事人情的人。

豁达的度量，从根本上讲是来自一个人宽广的胸怀。 一个人假若没有远大的生活理想与目标，其心胸必定狭窄，就像马克思所形容的那样：愚蠢庸俗、斤斤计较、贪图私利的人，看到的全是自以为吃亏的事情。 比方说，一个毫无教养的人往往只是因为一个过路人看了他几眼，就把这个人看成世界上最可恶与最卑鄙的坏蛋。

眼睛只盯着自己的私利，根本不可能有豁达、宽容的胸怀与度量。 "心底无私天地宽"，只有从个人私利的小圈子中解脱出来，心里常常装着更远、更大目标的人，才可以具备宽广的胸怀，领略到海阔天空的精神境界。

容纳世界，才可以得到世界

和宽容相对的是狭隘。 人们常常对自己曾经遭受的痛苦不能忘怀。 狭隘就是源于过去不愉快的记忆，人们之所以要记住过去的不愉快，就是想要努力防止那些不愉快的事再次发生，避免再次受到伤害。 但假若一定要将过去的伤痛加诸现在，那你就永远走不出过去的阴影，永远也抹不去曾经的伤痛。久而久之，就形成了狭隘的心理。法国有句谚语："原谅过去，才能释放自己。"一旦你可以让那些不愉快的往事成为过去，你的生活就会重现生机。

　　林肯被美国人称为"英雄总统"，他善用宽容包容一切，所以，赢得了人们的尊重与景仰。早在林肯竞选总统期间，芝加哥人茅谭曾不断对他进行尖锐的批评，乃至刻薄的谩骂。当林肯终于当选了总统之后，林肯在华盛顿为芝加哥人茅谭举办了一场欢迎会，茅谭由于过去的言论而不敢面对已经在竞选中获胜的总统林肯，远远地找了一个位置坐下，林肯则不以为然，仍旧十分有风度地说："茅谭，那不是你坐的地方，你应当过来与我站在一块儿。"每个在欢迎会上的人都亲眼看见了林肯赋予茅谭的殊荣，茅谭感激不尽，也正因为这样，茅谭成为了林肯最忠诚、最热心的支持者。

在他人伤害你时，你记住的只能是事情，而不应当是仇恨。记住事情你就有了前车之鉴，不记仇恨你才可以忘却忧愁。

　　一位从日本战俘营里死里逃生的人，去拜见另一个当时与他关在一起、后来也幸运逃脱的难友，他问这位朋友：
　　"你已原谅那群残暴的家伙了吗？"
　　"是的，我早已原谅他们了。"
　　"我可是一点也没有原谅他们，我恨透他们了，这群坏蛋害得我家破人亡，至今想起仍叫我咬牙切齿！恨不得把他们千刀万剐。"

他的朋友听了之后，静静地讲："若是那样，那他们仍监禁着你。"

朋友的话让他理解了宽容，他终于走出了战争的阴影，变成了一个健康快乐的人。

宽容是一种胸怀，是一个良好的习惯，它是对现实生活中的不满所作出的让步。 的确，宽容不等于姑息，不是无原则的迁就，姑息、迁就只会让错误继续错下去，让误解继续加深，让不满一步一步积蓄成仇恨。

对竞争对手要有宽容之心

商业社会处处都存在着竞争。 对多数人来说，"竞争"这个字眼儿带有一种反面的意味，它或许暗指不耿直的举止、隐瞒重要的信息、利用别人的单纯和信赖，或用某种不公平的方式来竞争。 人类行为学专家所做的调查，证明了竞争和获胜的重要性。 他们断言："取得胜利——在一场游戏、一项活动或任何事情中——对于一个人的自尊心和健康都具有深远意义和积极影响。"他们觉得：取得胜利不但会影响一个人现实的生活质量，而且会改变他对未来的生活态度。 取胜能使人树立起自信心，使人鼓起高昂的志气。 取胜本身就是一种奖励。 他们还意识到：在幼年时的竞争中所要求具备的锻炼和努力，乃是对以后生活中真正的竞争的一种准备，况且，一种奋斗的态度可以扩大到其他领域，提高一个人战胜自身局限性、去争取更大成就的兴趣。依他们的想法，"仿佛每个人都有一种拼搏进取的需要，一种考验一下自身能力的需要"。

对于"富有竞争性"这个概念需要有一个现代的、更富有人道主义的含义。这个含义包含着一种对理想主义原则的强调。竞争与倾轧或欺骗无关。实际上，参加竞争是这样一种丰富的经验：每个人在其中都拼尽全力，敢于与自己竞争，并体验到社会责任感和对他人的关心。

成功者知道，只有在顶峰，天地才是宽广的。

大部分人，在感到惊恐、不知所措或工作过度时，就有一种抛开个人的自身价值和个人成就的倾向。我们慢慢地会对同事和邻居心怀妒忌，却忘记了自己也有自身的价值，也有拼搏进取的品质。我们压低自己，否认了自己的美德和优点。我们过分严厉地苛责自己，把自己的举止消极地与别人相比。这种过度的指责导致了自认为能力不足的自我意识和对自身价值的贬低。

当你对自己积极认可时，就会有一个更强大的自我形象，你对自己的认定将使你增强自信心和自我安全感。于是，你对拼搏进取的定义就包括了：全力以赴，使自己富有竞争精神；在把自己的能力发挥得淋漓尽致，不遗余力去努力追求的同时，用让人感到温暖的感情，给予你周围的人以博爱。

成功者尽力寻求一种对竞争更仁慈的态度。因为他们知道，竞争既有使他们自己脱颖而出的机会，也有使别人成就卓越的领地。因为他们主要是和自己竞争，因此，成功者从不为了树立个人威信而对人敌视、不友好或贬低他人。

告诫自己，要从长处着眼；不要渴求靠着利用别人或把别人引入歧途去取得一时的成功；不要夺人之功；不要试图靠暗箭伤人去谋取利益。

忘记他人过错，记住别人恩惠

有的人喜欢记住别人的好，有的人却喜欢记住他人的不是。这就造成了两种不同的人生道路，前者会离成功越来越近，因为当他们遇到困难时，总会有朋友助其一臂之力；而后者则与成功逐渐拉开了距离，因为当他们遇到麻烦时，没有人会向他们伸出援助之手。

长久的友谊是在双方互相体谅的基础上形成的。有时两个非常要好的朋友，却因为一些小矛盾而从此分道扬镳。双方一旦出现矛盾，每个人心里想到的都是对方的缺点和不好，对方平时对自己的好，却消失得无影无踪，对方在自己心目中简直就一无是处。试问，如果用这种态度对待朋友，怎么能获得忠贞不渝的友情呢？

对待朋友就要学会弃仇取恩，这是与人相处的最重要的原则，也是编织人脉网值得注意的重要问题。

阿拉伯著名作家里拉邀请了两位朋友一同到野外游玩。一位叫拉安，另一位叫吉伯。

当三人到了一个山谷时，拉安不小心摔倒，多亏吉伯眼疾手快把拉安拉了上来，否则后果不堪设想。惊恐的拉安平静下来之后，便在附近的一块大石头上刻下："某年某月某日，吉伯救了拉安一命。"

时过不久，三人又走到一条小溪边，因为一件小事吉伯与拉安争吵起来，气愤的吉伯动手打了拉安一耳光，拉安难过地在附近沙地上写下："某年某月某日，吉伯打了拉安一个耳光。"

　　旅行结束后，里拉好奇地问拉安："你为何把吉伯救你的事刻在石头上，却把他打你的事写在沙地上？"拉安说："他救我性命，我将永远记在心里，那是他对我的恩情；至于他打我的事，我要让它随着沙地上字迹的消失而忘得一干二净。"

在现实生活中，类似这样的事时有发生。但愿每个人都像拉安一样，长久记住他人的恩情，而将他人的过错抛到脑后。

事实上，要求每个人都有宽大的胸怀去原谅别人的过错，是不太现实的，毕竟每个人的性格都不相同，而弃仇取恩也不是轻易就能做到的事情，它需要我们具有宽大的胸襟和深厚的涵养，这就需要人们慢慢地去修炼。

第三章

委婉地拒绝，达到非暴力沟通的境界

婉转表达胜于直言直语

在为人处世中，直言直语是一把害人伤己的双面利刃。喜欢直言直语的人通常具有正义倾向的性格，语言的爆发力和杀伤力也都非常强，所以有时候这种人会被别人用来当枪使。当与别人说话的时候，少直言他人的处世不利，或纠正他人性格上的缺点。无数事实证明，这并非爱之深，责之切，而是在和他人过不去。每个人的内心都有一座堡垒，把自己藏在里面。你的直言直语恰好把他人的堡垒攻破，把人家从里面揪出来。所以，能不讲就不要讲，要讲就绕个弯，点到为止。

在日常生活中，直接辱骂别人，听者当然很容易就能听出来，如果说话人使用的是隐晦的侮辱人的话，听话人就更应该注意了。听话人不仅要善于听出对方的恶意，而且必要时还可以"以其人之道还治其人之身"，给对方一个含蓄的回击。据说，有一位商人看到诗人海涅（海涅是犹太人），就对他说："我最近去了塔希提岛，你知道在岛上最能引起我注意的是什么吗？"海涅说："你说吧，是什么？"商人说："在那个岛上呀，既没有犹太人，也没有驴子！"海涅却回答说："那好办，要是我们一起去塔希提岛，就可以弥补这个缺陷。"这里商人把"犹太人"与"驴子"相提并论，很明显是在暗地里骂"犹太人与驴子一样，无法到达那个岛"，而海涅却听出了对方的侮辱和嘲笑，回答时话里有话，暗示这个商人就是头驴子，使商人自讨没趣。

直言直语有两种情况，要么是一针见血，要么是胡言乱语。 一针见血地说出别人的毛病，即使出发点是好的，但其杀伤力极强，很容易使别人下不来台。 如果能用婉转一点的方式提示别人，其效果要远远好于直言直语。

胡言乱语会让人恼羞成怒，甚至怀恨在心，导致你人缘很差。这样的人，别人不是对你敬而远之，就是对你嗤之以鼻。

说话不加修饰，只会直言直语，也是一种无知的表现。 有些善意的东西，若能够婉转表达，别人会产生感激之情。 如果自己一味地直言不讳，别人会认为是与其过不去。

在与人交谈的过程中，总会有一些让人不便、不忍或者是语境不允许直说的话题和内容，这时候就要将词锋隐遁，或者是把"棱角"磨圆一些，使语境软化一些，好让听者容易接受。

触龙劝说赵太后同意让小儿子到齐国做人质，就是运用了这种"迂回"的手法。他在众大臣劝说无果的情况下，上前劝说，先是关心太后的身体健康，然后又向太后请求为自己的小儿子安排工作，在一步一步打消了太后的思想顾虑之后，又用"激将法"说她是爱自己的女儿胜于爱小儿子，再接下去道出了"为之计深远"的大计，最后终于说服太后让小儿子去齐国做人质。

可以想象，假如触龙直接劝说，是不可能取得好的效果的。 也就是说，在步入正题前先做一个铺垫，说话迂回一些，然后再一步一步导入重心，这样就会收到良好的效果，就像游览古典园林，"曲径通幽，渐入佳境"。

拒绝时要会欲抑先扬

一般来说，你可以用下面一些话来表达你的拒绝之意。

"这真是一个好主意，只可惜由于……我们不能马上采用它，等时机对了再商量吧！""这个主意太好了，但是如果只从眼下的这些条件来看，却不太可行，我想我们以后肯定是能够用到它的。""我知道你是一个体谅朋友的人，你如果对我不信任，不认为我能完成这件事，那么你是不会找我的，但是我真的没有时间，下次如果有什么事情我一定会尽我的全力来支持你。"等等。

有时别人会在比较急的情况下求助于你，但是你确实又没有时间、没有办法帮助他的时候，一定要考虑到对方的实际情况和他当时的心情，一定要避免对方恼羞成怒，造成以后相互之间的不愉快。 首先你可以表现出积极的态度，然后带着歉意告诉对方需要自己忙过之后才能处理，若这件事对方必须立即办好，此时他就会另找他人了。

某学校里有一个艺术团的小提琴手叫小玲，经常随团演出。一次，一位朋友对她说："我特别喜欢你的音乐，很想到剧院现场欣赏你演奏小提琴，只可惜售票处的票已经卖光了。"

小玲手头也没有票，又不愿因这件事费更多心思，不想答应他的要求。但是，小玲没有直接回绝朋友的请求，她只是先承后转，然后才拒绝了朋友的请求。她平静地对朋友说："遗憾得很，我手上也没有票了。不过，你可以坐我在大厅的座位，如果你高兴……"

朋友喜出望外："在哪里呀？"

小玲答道："不难找——就在小提琴后面。"

生活中，我们常有这样的经历：当别人还未向你提出要求，你可能就知道对方的目的，可是却不好当面拒绝，这时，你就可以采取"欲抑先扬""以攻为守"的方式来拒绝他的要求。 比如，朋友找你借钱，这个时候你可以在对方说出他的请求之前，先于他的请求说："这么巧呀！ 正好碰到你，我最近手头有点紧，能不能……"对方如果知道你这样的情况，自然就不会再向你开口借钱了，可能他还会懊悔自己到和尚庙借梳子——走错门了呢！

小李从一个朋友那里借了一架照相机，一路不停地把玩。途中遇到了小赵。小赵有个毛病，就是见了熟人有好玩的东西后，就想借去先玩玩。这次，他看见了小李手中的照相机，马上便有了兴致。不管小李怎样说，小赵依然不肯放弃。

小李灵机一动，故作姿态地说："好吧，我可以借给你，你却不可以再借给其他任何人，你做得到吗？"

小赵一听，正合自己的意思，于是连忙说："当然，当然。我一定做得到的。"

"绝不失信!"小赵追加一句,"绝不失信,失信还怎么做人!"

此时,小李斩钉截铁地说:"我也不能失信,因为别人也是这样要求我的,不把这架照相机外借。"听到小李的这句话后,小赵目瞪口呆,便不好再强求下去。

运用巧妙的语言委婉地拒绝他人,不但能使对方容易接受,同时还能给自己留个台阶。这样就冲淡了彼此间因拒绝而产生的尴尬和不快,不但能减少误会,反而还会使对方更加信任、欣赏你。

说"不"的禁忌

1. 忌说话绵软无力

拒绝别人时若说话绵软无力,甚至哼哼唧唧半天讲不清楚,易使别人产生厌恶情绪,认为你不是帮不了他,而是怕麻烦。一般而言,只有心虚的人才会如此吞吞吐吐。

2. 忌热情过头

拒绝别人就要真诚地说明原因,之后不管表示惋惜也好,无奈也好,即使别人不乐意,也不能对你的拒绝妄加指责。如果你想让对方得到安慰,一个劲儿地说"可惜可惜""下次下次""一定一定"，则未免有些虚伪。

3. 忌触动感情

据心理学家研究，"触动"是很容易产生共同感受的，所以，拒绝时要注意避开"触动"。给人以"敬而远之"的态度，比较容易把"不"说出来。或者说，若别人想与你亲近，你要保持头脑清醒，以免因感情用事给对方可乘之机。一般说来，见一次面就能记住别人名字的人，常容易与人接近，不断称呼别人，并冠之以"兄""先生"等，常能产生亲近感。那么，反过来你想说"不"时就要拒绝别人的这种表示，即对方的名字一概不提，这样加大和对方的心理距离，容易说"不"。还有，谈话时保持距离，使其不容易做出拍、拉等触动性的亲密动作。另外，最好也不要触摸对方递出来的东西。东西也和人一样，一经"触摸"就会产生"亲密感"，所以，就难以去拒绝了。

4. 忌借口不当

有些人不想直接去拒绝别人，便随便找些不值一驳的理由来暂时搪塞对方，以求得一时的解脱。这个方法并不好，别人也能找理由继续麻烦你，直到你答应为止。比如，你不想答应帮某人做事，推说："今天没有时间。"他就会说："没关系，明天也可以的，事情就拜托你了。"又如，你要拒绝对方想转让给你一件衣服，你推说："钱不够。"那么对方会说："钱够了再说好了。"自己就不得不去接受了。如果你不想和某人跳舞，推说："我跳不好。"那么他一定会说："没关系，我慢慢带着你跳好了。"因为这些都是小小的谎言，一经反驳，你定会慌乱，"拒绝"便会很快被瓦解掉。 所以，面对此种状况，你倒不如直截了当地用较单纯的理由明确地告诉对方："你托办的这件事我办不到，请原谅。""这件衣服的款式不适合我，很抱歉。""我已经另约了舞伴，不能跟你跳，对不起。"等等。 这样虽说显得生硬，但理由单纯、明快，不仅不会给别人更多的机会，而且可以为自己免除后患。

第四章

懂得说话的原则和方法，走出暴力沟通的误区

注意他人的风俗习惯、语言禁忌

语言学博大精深，语言文化会因区域差异而有所不同，往往同样一句话，却有着多种含义。有些自认为是辱骂性语言，而他人却可能认为那是一种敬语，反之亦然。所以，针对不同的人，一定要根据对方的风俗习惯、语言禁忌来说话。只有这样才能让话产生想要的效果。

由于各地的语言差异，每个人要切记说话谨慎，千万不能触犯他人的忌讳，否则就会破坏辛苦建立起来的人际关系。

例如，有些地方把小男孩叫作小弟弟，但对于太仓人而言，对方会认为这是在骂他；有些地方把老年男子称作老先生，可是江苏嘉定人却视之为侮辱之称；安徽人称朋友的母亲为老太婆，那代表了一种尊敬，可江浙一带，极其厌恶这一称呼。

与同事相处时，更应注意每个人的语言风俗。一个规模很大的单位，有来自全国各地的同事，因此，要特别注意这一点。

有这样一例：

小赵是西北人，小王是北京人。一次两人聊得正欢，小赵注意到小王的头发，便随口说道："你头上毛长了，该理一理了。"

不料，小王听后勃然大怒："你的毛才长了呢！"两人不欢而散。

毫无疑问，其主要问题就在于小赵的一个"毛"字上。 小赵的家乡把头发叫作"头毛"，他来北京的时间不长，不知不觉将方言说了出来。 而北京人却把"毛"看作是一种侮辱性的话，像"杂毛""黄毛"等都是骂人的话。 这才是小王发火的原因。

由于各地的风俗不一样，以至于语言上的忌讳各异。 所以，在人际交往中，必须留心对方忌讳的话。 如若不然，即使对方知道你是无心之谈，情有可原，但终究不免心里不痛快，因此应该特别留心。

常言道，不知者无罪。 一次两次出现口误，对方认为情有可原，但如果频频出错，不免显得有些失礼。 或许对方不会把你怎样，但多少会对彼此的关系产生影响。

审时度势，思考该不该反驳不同意见

在公共场合，即使你的见识十分渊博，也不能以此为傲，让人感觉尴尬。 当别人想知道你的看法时，你可以把你知道的说出来，让别人参考。 同时，你也需要说明自己的知识是有限的，倘若有什么不足之处，希望其他人不吝赐教。

如果听到自己不同意的看法，是否要反驳？

可分以下几种情况：

（1）如果在一起的人，彼此都很了解，并且常常会共同讨论一些问题，就要基于自己所知的，把自己的观点解释清楚。摆事实，讲道理，让别人帮忙想想。否则就没有讨论的必要了，同时也是对朋友不真诚的表现，人们也会把你当成"滑头"。在语气上要保持一定的谦逊，不能够仗着自己知识渊博，就自以为是、目中无人。

（2）在场的所有人，大家都只是第一次见面，关于他们的背景、爱好、行为你都不太了解的情况下，那么最好不要随意反驳他人的不同观点，也不需要句句附和，自诩为知音。要是别人询问你的意见，你就能借口说："我暂时还没有仔细考虑过。"或者说："他说的，也是有一定的道理的，不过，大家的观点不一样，妄下论断是不对的。"

如果是比较陌生的场合的话，人们不会把你当作"滑头"。但如果自己真的保持完全相反的见解，也点头附和，表示同意的话，那就是"滑头"。虽然能够获得那些表达意见的人的欢心，但其他看在眼里的人会对你不齿，不再信任你。

（3）假如有人在公众面前提出毫无边际的观点，或者散布各种谣言，那么要毫不客气地提出质疑。在此情形下，必须用一些特殊的谈话方式，在直接拆穿对方的错误的同时，另一方面用幽默的语气获得他人的赞同。表达时要注意条理清楚、逻辑准确，不要把现场气氛弄僵，谨慎一点是十分必要的。

（4）如果自己的朋友在一些场合说话时太冲动，或者说了些不着边际的话，你要想办法替他圆话。可以提出一些在表面上不冲突的观点，但也算是补充的话，让人们对他的意见保持一定的肯定，让大家觉得他的言语只不过是有瑕疵，或者是他的想法并不是这样的，只不过是表达不恰当而已。还可以私底下和他相互讨论，把他的错误点出来。

给他人说话的机会

很多人为了让别人同意自己的想法，一直不停地说话，尤其是一些销售人员，他们更易犯这种错误。其实，你不如让对方畅所欲言，因为每个人一定比别人更了解自己，所以，不如问他一些问题，让他给你讲述有关的一些事情。

如果你不同意他人的意见，最好也不要阻止他，因为这样做并不会有什么效果。如果他还有话要说，他只会关注自己。所以，你要有耐心，用一颗包容之心听取他人的意见，并诚恳鼓励他人说出内心真正的想法。这在商业中更是意义非凡，我们一起来看下面的例子：

数年前，美国最大的一家汽车工厂正在接洽采购一年中所需要的坐垫布。3家有名的厂家已经做好样品，并接受了汽车公司高级职员的检验，然后，汽车公司给各厂发出通知，给各厂最后一次展示的机会。

有一个厂家的代表 R 先生来到了汽车公司，当时他正患着严重的咽喉炎。"当我参加高级职员会议时，我嗓子哑得几乎不能发出声音。我被引进办公室，与总经理、纺织工程师、采购经理进行洽谈。我站起身来，很想表达自己的想法，但我的声音很奇怪。

"大家都围桌而坐，所以我只好在本子上写了一句话：诸位，很抱歉，我嗓子哑了，无法开口。

"我替你说吧。汽车公司总经理说。后来他真替我说话了。他陈列出我带来的样品，并极力称赞它们的优点，并且引起了在座其他人活跃的讨论。那位总经理在讨论中一直站在我这边说话，我在会上只是微笑点头并做出少数手势。

"结果很出乎我的意料，我得到了那笔订单，汽车公司订了 50 万码的坐垫布，价值 160 万美元，这是我得到的最大的订单。

"我知道，如果我嗓子没事，我很可能会失去那笔订单，因为我对于整个过程的考虑是错误的。通过这次经历，我真的发现，给他人说话的机会有时是多么有价值。"

一家电气公司的销售人员范勃也深有同感，下面是他提供的例子：

有一次，我正在宾夕法尼亚州进行一次农业考察。

"为什么这些人不用电器?"我经过一家整洁的农家时向该区代表问道。

　　"他们是守财奴,一毛不拔,"区代表厌烦地回答说,"并且他们对电器也不感兴趣。我已经试过多次了,彻底放弃吧。"

　　虽然没有希望,但我还是坚持要试一试。我走过去叩一户农家的门,老罗根保夫人从门缝中探出头来。

　　她一看见我们就把门关了。我再叩门,她又把门开了一点,告诉我,她对电器没兴趣。

　　"罗根保夫人,"我说,"我很抱歉打搅了你,但我不是来向你推销电器的。我只想买些鸡蛋。"

　　她将门再打开了点,探出头来用疑惑的眼神望着我们。

　　"我知道你有一群很好的都敏尼克鸡,"我说,"而我想买一打新鲜鸡蛋。"

　　门又打开了一点。"你怎么知道我的鸡是都敏尼克鸡?"她感到好奇。

　　"我自己也养鸡,"我回答说,"但你这里的鸡是我见过的最好的都敏尼克鸡。"

　　"那你为什么不用你自己的鸡蛋?"她还有些不相信我。

　　"因为我的来格亨鸡生白蛋。你是会烹调的,自然知道在做蛋糕时,白蛋比不上精蛋。为此,我的妻子以她所做的蛋糕自豪。"

　　这时,罗根保夫人大胆地走了出来,来到廊中,态度也温和多了。我环顾四周，发现农场中置有一个很好的牛奶棚。

"罗根保夫人，实际上，"我接着说，"我可以打赌，你的鸡肯定比你丈夫的牛奶棚赚钱。"

嘿！她高兴极了！当然，确实是她赚得多！她听我这么说就更加高兴了，但可惜她顽固的丈夫不会承认这一点。

她请我们参观她的鸡舍，我留意着她所造的各种小设备，我介绍了几种食料及几种温度，并在几件事上询问了她的看法及经验。片刻间，我们就很高兴地交换了经验。

过了一会儿，她说她几位邻居在他们的鸡舍里装置了电灯，据说效果很好。她询问我："这种方法真的有效吗?"我给予了她肯定的回答。

两星期以后，罗根保夫人的都敏尼克鸡也见到了灯光，它们在电灯的照耀之下叫唤着、跳跃着。我得到了我的订单，她的鸡蛋也大卖，皆大欢喜。

但如果我不先将她诱入"圈套"，这位守财奴式的妇女是永远也不会买我的电器的。

事实上，每个人都喜欢谈论自己的成就而不愿听别人吹嘘自己的成就，即便是朋友也如此。 法国哲学家罗西法考说："如果你想树敌，就胜过你的朋友；但如果你要得到朋友，那就让你的朋友胜过你。"

这是为什么呢? 因为当我们的朋友胜过我们时，他们获得了一种自重感；但当我们胜过他们时，他们会产生一种自卑感。

德国有一句俗语："最纯粹的快乐，是幸灾乐祸。"是的，你的有些朋友，恐怕从你的困难中得到的快乐会比从你的胜利中得到的更多。 所以，不要时时炫耀自己，我们要谦虚，这样才能永远使人喜欢你。

其实，我们的一生很短暂，不要总是谈论我们所取得的小小的成就，那样使人厌烦。 反之，请给别人说话的机会。

站在对方的角度考虑问题

在职场沟通中，人们最喜欢豁达、谦逊的人。 这样的人与他人交流的时候，永远会做到给别人面子，而且知道站在对方的角度上考虑问题。

美国哲学家、诗人爱默生有一天与他的儿子一同想把一头小牛赶进牛栏。可是他们犯了一个错误，他们只顾及了自己的想法，爱默生在后面推小牛，他的儿子在前面拉小牛。可是小牛也有自己的"想法"，它把两只前蹄摁在地上，固执着不照他们父子的愿望进栏。小牛也没有穿鼻绳，它顽固地不愿意离开牧场。他们家的爱尔兰籍女佣看见这种情景，笑着来帮助他们，她知道小牛想要什么。她刚刚在厨房干活，手指头上有盐味儿，于是她像母牛喂奶一样，将带咸味的手指伸入小牛的口中，让它吮着进入了牛栏。

从这个故事中可以看出：动物尚且有自己的愿望，更何况人呢？不理解他人的意愿，只考虑到自己，认为怎么样好就怎样做，社交必然不会成功。

假如你要劝说一个人为自己做某件事，在开口之前，一定要先问问自己："怎样才能使他心甘情愿为我做这件事？"

在这个方面，人际关系学大师卡耐基做得特别出色，他说过这样一件事：

他每季度都需要在纽约的某个大旅馆租用大礼堂20个晚上，用来讲授社交训练课程。

有一次在他刚开始授课时，忽然接到通知，旅馆经理要提高三倍的租金。而这个消息得知以前，入场券早已印好，并且早已发出去了，其他准备开课的事宜都已办妥。

显然，他要去交涉。如何才能交涉成功呢？卡耐基整整考虑了两天时间。两天之后，他去和经理谈判。

"我接到你们的通知时，有点惊愕。"他说，"不过这不怪你。假如我处在你的位置，也许也会写出一模一样的通知。你是这家旅馆的经理，让旅馆多盈利是你的责任。你不这样做的话，你的经理职位很难保住，也不可能保得住。如果你坚持要增加租金，那么让我们来计算一下，这样做对你是否有好处。"

"首先说有利的方面。"卡耐基说，"如果将大礼堂出租给举办舞会、晚会的人，那你可以多多盈利。由于举行这一类活动的时间很短，他们能一次支付给你特别高的租金，比我这租金肯定要多得多。租给我，明显你吃亏了。

"现在，来考虑一下不利的方面。首先，你提高了租金，但是却降低了收入。因为事实上是你把我撵跑了。因为我付不起你所要的租金，我要办培训班只能再找其他地方。

"另外一件对你不利的事情。这个训练班会吸引成千上万有文化、受过教育的中上层管理人员来到你的旅馆听课，对你来讲，这难道不是起了不花钱的活广告效果吗？事实上，就算你花5000元钱在报纸上刊登广告也可能请不到如此多的人来参观你的旅馆，但是我的训练班帮你邀请来了。这样难道你不划算吗？"

讲完后，卡耐基转身告别，临走前意味深长地说："请仔细考虑后再答复我。"自然，最后经理退步了。

在卡耐基取得成功的过程中，并不是只从自身的出发点来考虑问题，他是站在对方的角度想问题的。

可以设想，如果他义愤填膺地跑进经理办公室，提高嗓门喊道："这是什么意思！ 你明明知道我把入场券印好了，并且都已发出，开课的准备早已全部就绪了，你竟然要增加300%的租金，你这样不是故意整人吗？！ 300%！ 你要敲诈我吗？ 我绝对不会付的！"

　　这样一来，那该又是怎样的局面呢？　大争大吵，肯定炸锅了，你应该知道争吵的必然结果：即便他能够辩得过旅馆经理，旅馆经理也会因为面子问题而拒不认错，租旅馆的事当然也就告吹了。

第五章

求职面试中的非暴力沟通

自我介绍的技巧

自我介绍是在求职中面试考官常问到的问题之一，许多应聘者或许会流露出不情愿的表情，"我不是已经填写简历了吗？简历中已经描述得那么详细了，为何还这样问呢？"其实，考官要求应聘者做自我介绍，大体上是以此了解应聘者的大概情况，如应聘者的口才，随机应变、心理承受、逻辑思维等能力。所以，千万不要轻看这个自我介绍，它不但是打动面试考官的敲门砖，同时也是推销自己的大好时机。所以，一定要好好把握住。以下是自我介绍时应注意的地方：

1.面试前应该预备草稿

在接到面试通知之后，应聘者最好在家里提前打个自我介绍的草稿。介绍的内容需要忠实于事实和本人，应聘者一定要清楚地认识自己，在所有应聘者的共同点的基础上找到自己与众不同的地方，之后再具体、合理、有特色地设计一下自己的未来，讲述一下你的执着，职业目标的一贯性，工作中的模式、优势、技能，卓越的成就，专业知识，学术背景之类的情况。

介绍的内容不应该太多地停留在诸如姓名、工作经历等概况上，因为这些内容在你的简历表上已经写过了。此时，你应该更注意一些跟你所应聘职位有关系的工作经历和所获取的成绩，以证明你确实有实力胜任你所应聘的工作岗位。总之，一切还是与应聘公司有关为好。 假如你面试的是一家电脑软件公司，就应该说些与电脑软件相关的话题；假如是一家金融公司，就要说些跟金融有关的事。 总而言之，面试时自我介绍的内容要投其所好。

写好草稿之后，尝试多讲述几次，自我感觉一下。

2. 介绍之前要礼貌问好

自我介绍时，首先应礼貌地做一个短暂的开场白，并向其他的面试人员（假如有多个面试考官的话）示意，假如面试考官此刻在注意其他东西，可以稍微等一下，等他将注意力转移过来后才开始。

3. 介绍的时间要适宜

假如面试考官规定了时间，务必注意对时间的掌握，既不可以超时太长，也不可以太过简单。

4. 注重眼神的效力

首先，在做自我介绍时，眼睛切忌东张西望，四处游荡，表现出漫不经心的样子，这样会让人感觉你做事随便，注意力不集中。自我介绍时，眼睛最好要多注视面试考官，但也不宜长时间盯着主考官。 其次，就是尽可能少加一些手的辅助动作，因为这不是在做讲演，因此，保持得体的姿态是非常重要的。

最后，在自我介绍完毕后切记不要忘记道声"谢谢"，因为有时常常会因为忘了这一小细节而导致你给面试考官留下一个不好的印象。

下文是一位求职者面试时的自我介绍：

亲爱的各位考官、各位评委老师：

今天，我以笔试第一的成绩通过了考试。对我来说，这次机会显得尤为宝贵。

我叫×××，今年 27 岁。1997 年 7 月我从×××师范学校×××专业毕业。因为从 1997 年开始国家不再包自费生的分配，这令我与"太阳底下最光辉的职业"失之交臂。还好，当时×小师资力量不充足，经人介绍，我在×小担任了一年的临时代课教师。想起那段时光真是甜蜜又美好，虽然代课教师工资不高，但听着同学们围绕在身旁"老师""老师"地叫个不停，看着那一双双满怀信任的眼睛，那一张张稚气的小脸，生活中的其他不快，顿时都不复存在了。我原想，即使不可以转正，只要学校有需要，就是担任一辈子代课教师我也情愿。不料，1998 年起，国家开始清退临时工和代课教师，接到了学校的口头通知之后，我怀着恋恋不舍的心情，默默地离开了学校。

今天，我希望通过此次考试重新步入讲坛的愿望是那样急切！我家共有两姊妹，姐姐在外打工，为了照顾早已上了年纪的父母，我一直留在他们身旁。我曾开过铺子，开始是经营工艺品，后来也经营过服装。但无论生意做得如何如鱼得水，当一名光荣的人民教师一直是我心中所向往的并愿倾尽一生心血去追求的事业。我曾经多次参加考试，但都因为各种原因而未能实现梦想，但我暗下决心，只要有机会，我就一直考下去，一直到实现自己的理想为止。

此时的我，历经生活的考验，比起我的竞争对手，在年龄上我已经不再有优势，可是我比他们更多一份对孩子的爱心、耐心和责任心，更多一份成熟和自信。教师这个职业是神圣而伟大的，它需要的教师不仅要有丰富的知识，还需要有高尚的情操。所以，在读师范时，我就特别重视自身的全面发展，广泛地培养自己的兴趣和爱好，并且学有专长，做到除擅长绘画和书法之外，还会唱、会说、会讲。"学高仅可以为师，身正方能为范。"在注意知识学习的同时，我还注重培养自己高尚的道德情操，自觉遵法守法，遵守社会公德，无不良嗜好和行为。我认为，这些都应该是在教师这个职位上的人应具有的最基本的素养。

如果我通过了面试，变成教师队伍中的一员，我将不断努力学习，努力工作，为家乡的教育事业贡献自己的力量，绝对不会有违教师的神圣职责。

像这样的介绍语必定会给考官留下良好的印象。

新奇的表达让你更出色

一个好的职位常常会有众多的应聘者来应聘，因此，打败自己的对手，不仅关系到你是不是能够得到这份工作，而且对你的未来和职业的发展也有很大影响。所以，希望成为职场精英的你，为了不错过每一个能让自己进步的机会，一定要让自己在面试中表现得非常优秀。

若希望自己比较突显，你就不能让自己跟所有的人都相同。因为那样除了让自己淹没在众人当中之外，一点好处都没有。这个时候，你就需要运用新奇的、富有创意的方式来引起用人单位的注意，获得面试官的赞赏。

　　打工女皇吴士宏，刚开始时仅仅是北京一家医院的一名普通护士。没有大学文凭，对计算机也一窍不通。然而，她却是一个有冲劲、充满理想和创意的人。当她看见世界知名的计算机公司 IBM 的北京办事处在招聘员工时，并没有因为自己不满足条件而放弃这个机会。

　　但令人惊讶的是，这个世界著名企业的面试官最后竟也对她充满好感，这是因为她别具匠心的介绍自己的方式。这是从她的充满个人特点的求职信开始的：

　　做护士的吴士宏是使用一张医院的处方笺来描绘自己生平的第一封求职书的。她在信中提到，自己仅仅是一名普通的护士，但是独立学习了所有英语自学考试所要求的课程，虽然文凭还没有拿到，但是，那只是因为考核的时间还没到，并不意味着她拿不到，她相信自己一定能通过考试。所以，希望公司能给她机会，让她破格参加公司的考核。更让人意想不到的一点是，她还随信写道，自己求职信中的照片是唯一的一张，将来还会用得着，若不让她参加公司的考核，还请将照片归还……

　　恰是这张从工作证上撕下来、又用酒精棉擦掉了痕迹的照片帮了她的大忙，使她的处方笺求职信引起了招聘单位的兴趣。于是，她得到了参加 IBM 公司应聘考核的机会，并且以优秀的成绩成功地通过了笔试和口试，从此开始了打工女皇的第一步。

处方笺加旧照片的求职信看起来的确有些寒酸，但在众多华美的求职信中十分显眼，特别是再加上"请将照片赐还"的字样，让吴士宏的求职信显得与众不同。这种违背常情的表达方式刚好引起了用人单位的注意和好奇心，想要一探这位特别的求职者的究竟。所以，吴士宏得到了考核的机会，而她能成功通过考试也充分说明了她的实力，用人单位确实没有看走眼。

众多正在求职阶段的朋友们，应该多向吴士宏学习，当然并不一定要用她那样的处方笺求职信，而是要学习她在求职过程中显露出来的奇特的创意。 这是一种个性化的外现，一个兼具创意、才能和胆量的求职者，当然是用人单位所需求的。 所以，一定不要让自己的特色被淹没。 因为在求职的过程中，你的奇特的创意会让你立即从众多的竞争者当中显露出来，引起用人单位的注意，进而叩开成功的大门。

跳槽者面试时的禁忌

目前，需要找工作的人士不仅仅是刚刚毕业的大学生，很多跳槽者也纷纷加入了找工作的行列。 对于跳槽者来说，他们并不担心工作经验不足或是社会阅历太少，而是担心在面试过程中被问到为何离开之前的工作单位。 一般跳槽者如果是因为上班路途太远、专业不对口、随迁搬家等人人都可以理解的原因，那说起来倒没有什么。 可如果是以下四种原因，那你一定要小心谨慎，弄不好，就会失去应聘机会。 所以，跳槽者切记不要说下面的话：

1. 薪酬过低、没有工作热情

这样的跳槽理由对于你来说很重要，但是招聘者会觉得你对于个人得失太过计较，对工作没有吃苦精神，将个人利益放在最高的位置上。

在招聘者心中会认为，这样的人最多只能临时聘用，不可委以重任，更加谈不上合作创业。 而且，你若仅仅是为了追求高收入而跳槽，招聘者会觉得，假如有其他更高收入的职位，你会毫不犹豫地再次跳槽。 这样的思维定式一旦形成，你的身价将会大打折扣，即便你的才能再过人也很难成功。

2. 之前的企业人际关系太复杂

这个跳槽理由也许会让你被他人理解为缺乏人际交往的协调能力。 现代企业都很讲究团队精神，但是你缺少这样的能力。 协调能力较差是现代型人才的"硬伤"。

假如招聘者招聘你就是为了协调企业内部人际关系，若你如此回答，其结果你也就清楚地知道了。

3. 过大的工作压力

现在的企业都是快节奏、高效率的，企业中人人都处于高强度的工作状态之下，而不能适应高效率工作者只有被刷下来的份。 有的单位甚至在招聘启事上就已直言相告，需要应聘者可以在一定的压力下完成工作任务。

假如你不能适应原单位的有压力的工作，新的用人单位同样不会适合你，因为在现今的形势下，没有一家公司希望自己的员工是个工作起来不紧不慢的闲人。

如何在面试中脱颖而出

为了考虑人的主观性，大多数用人单位都会在第一次或第二次面谈时，采用集体面试的方式。所谓集体面试是指由一位以上的面试官一起出席对求职者的考察。这样的方式，可以避免个别主考官的主观片面性。通过整合所有考官的意见，得到一个相对客观公正的面试结果。

由于面试官的专业领域不尽相同，所以他们各自负责提问的范围。当求职者突然看到这个阵势时，由于没有事先的心理准备，就会在心中产生不知如何是好的感觉。

实际上，现在大多数用人单位在征求储备干部、经理、主管等以上的岗位时，全部都会采用集体面试的方式。所以，各位求职者需要有心理准备来面对集体面试的挑战。那么，到底要做好哪些准备呢？

1. 注重礼仪

在进入面试地点的时候，最好能够向每一位面试官趋前握手致意。 如果办不到的话，那也一定要以眼神逐一扫过，与此同时，需要向主考官鞠躬打招呼。

2. 灵活特殊的开场白

根据现场的外在形势或自身的特征，你可以大声地以幽默或与众不同的方式介绍自己作为开场白，再连带说出你的特质或求职动机等。 开场白的时间应控制在 15 秒钟内，要尽可能地让自己与众不同。 比如，你的眼角有颗痣，你可以说你可不是个爱哭鬼，个性坚强，可以承受很大的压力；少年白头者可说你做事特别勤奋；大嘴大鼻者可以说你面相好等诸如此类的幽默俏皮的话。

如果遭遇到尴尬的情况，可以幽默地说："我是 ×××，刚刚掉眼镜的那个人就是我，这就表示我不会再落第（落地）了。 我就是个每时每刻都有逆向思维的人，乐观向上的人。"

3. 明确工作的要求和条件

无论你面前坐着多少面试官，问了多少个问题，绕了多大的圈子，但他们的最终结果就是要选出最适合的人才。 所以，只要抓住"最适合性"的大原则来发挥，就绝不会不知所措。

4. 快速地分辨主面试官

说得简单易懂些，就是擒贼先擒王的道理。 先要确定哪个是主面试官，不能单从衣着好坏，谁问得多来判断。 有些主面试官会选择低调地从头到尾冷眼旁观，不发一语。 想要作出正确无误的判断，可以从下面几点入手：

（1）你刚进考场时，大家都是等谁先坐下才坐的，或者是谁发令叫大家坐下的，还有就是明确座位的次序，坐在中间的人最有可能是主面试官。

（2）各个面试官在交换意见时，肯定会交头接耳。留意一下他们的耳语是在向哪个人传递，主面试官肯定就是他。

（3）相同的道理，你也可以观察各个面试官，看他们是否都无意识地把目光投向某个人，等候对方的暗示，再进行下一步，这个人也很有可能就是你寻找的主面试官。

5. 要关注每一位面试官

你需要时刻与在场所有的面试官作目光交流，有人提问时，你的目光一般停留在面试官的身上，但回答问题时，你的目光不要来回地巡视全场，这样才表示你很重视每一位面试官。

6. 挖掘可能的同志

这句话的意思是说，在所有的面试官之中寻找到与你类似的那一个，先从他（她）的身上突破。相似的地方可能是年龄、气质、性别（比如，可能全场只有你跟她是女性）、经历、性格、爱好、地域（是同乡）、感情（家庭背景相似）等等，由此着手，尽可能让对方对你产生好感，化被动为主动。例如，你可以注视对方说"您应该了解……""您知道……"，无形中将对方吸纳到你的阵线上来，在最后表决时，他（她）的决定，对于面试结果可能会起到举足轻重的作用。

7. 提防暗箭

笔者在前面已经说过，有些面试官会从头到尾冷眼旁观，不发一语地观察你。 这种一语不发、心中默默琢磨你的人，是最喜欢放大求职者的举止言谈的人。

如果你表现得特别好，这倒没什么。 但若这个人的主观意识特别强烈，你又被对方捕捉到你在面试过程中某一个下意识的小动作，并以此大做文章来证明你有某方面的缺点，那你就很不幸了。

面对这样的面试官，应聘者也不要恐惧，只要多练习几次（和朋友、家人排练，用录音机反复听、看），确定你能够自始至终保持斯文有礼、不卑不亢、大方得体的言谈举止，将应聘看作是在与年长一些的人谈生意，不要患得患失，不要过于害怕无法得到这份工作。 只要心中怀着这样的信念，就根本不用担心对方放冷箭的可能。

如何处理面试中的尴尬

你参与的面试过程其实也算一种职业经历。 你参与面试不是为了满足社会需要，而是为了争取一个可能得到的工作机会。 面试有时会发生一些不专业、尴尬或是令人不知所措、无所适从的事情，然而，这也是在检验你是否有灵活的应变能力。 不管面试的场面变得怎样古怪或是疯狂，你都需要做对你最有利的事情——保持冷静。 下面是几个令人难堪的场面，我们可以来学习一下该如何用最好的方式应付这样的场面。

1. 心情紧张

心情紧张是最为常见的状况。因为面试对于求职成败，进而对一个人的事业前途可能影响极大。不过，在陌生地方被陌生人盘问，出现不知所措、无所适从的状况也是特别正常的。但是，如果应聘者过分紧张，这样会给主考官留下很不好的印象，也会无法让自己集中注意力回答问题。因此，在面试时，一定要想方设法掩饰自己的紧张心情，千万不要让主考官一眼就看出你不安的心情。比较实用的心态就是你需要抱着无所谓的态度，告诉自己"没什么了不起，大不了再找一次工作，好的单位又不仅仅只有这家"。同时，也可以尝试调整。以下内容可以教你如何应付紧张的心情：

防止紧张的好办法首先是做好准备，并且不要把一次应试的得失看得太重要，同时要懂得：自己的竞争对手肯定也会紧张，一样会因为出错而尴尬。假如面试者走进面试场所前感觉到紧张，那可以大口大口地呼吸新鲜空气，以克服紧张的心情。

当主考官问过问题之后，不要抢着回答，要稍等几秒钟再开口，这样可以先整理一下思路。当然，也要时刻留意自己的语速，看是不是因为紧张而导致语速太快。

假如紧张的情绪控制起来太难，那么，最明智的选择就是坦白地告诉主考官。例如，你可以说："对不起，我现在有些紧张，是否可以先让我冷静冷静，然后再回答您的问题？"这样，主考官也许会因为你的诚实反而对你有个好印象。

2. 讲话出错

在面试过程中由于紧张而讲错话，也是常有的事情。如把单位的名称说错了，把职位的名称说错了，有时候称呼主考官时将他们的称呼、职务搞混了……

其实，这种时刻讲错话是很正常的。经验不足的应聘者遇到这样的情况后，常常会懊悔万分、心慌意乱，接下来就更加紧张，表现也变得更加糟糕。要不就是保持沉默，要不就做些小动作。

事实上，最为理智的做法就是保持镇静。假如说错的话无碍大局，也没有得罪人，则可以若无其事地专心应对，切记不要心中一直对其有所顾忌，用人单位不会因为你不小心的一个小错误而否定你的。

但是，如果说错的话相对重要，或会得罪别人时，就要注意该如何进行处理，而不要因为出现错误就惊慌失措，打乱了原本的思路，影响正常水平的发挥。如果发现自己表达上出现这样的失误，那可把话题停下来及时纠正，还可以选择将其整体意思表达完整后，再来纠正出现的问题，但千万不要忽略了。比如，可以说："对不起，刚刚我有点紧张，好像讲错了话，我刚刚的意思是……不是……请原谅。"说错话之后弥补自己的错误需要很大的勇气和技巧，主考官会喜欢这样坦白的人。

但假如掌握不好尺度，就会给人一种缺乏素质的感觉，也就是能力倾向有缺失。如果给人留下"定势"印象，再"翻牌"的可能性就比较小了。所以，应聘中出现错误不可怕，但是如果接连出错，这样就比较危险了。

3. 面试突然进行不下去了

在面试进程中，应聘者是主要角色扮演者。除了对自己的表现需要负责之外，还有责任保证面试在规范和协作中完成。面试时出现"卡壳"现象，尽管主考官会竭尽能力地去调整，但真正着急的却是应聘者。 应聘中突然出现短暂的"卡壳"现象的原因可能来自以下几个方面：一是应聘者表现得过于精彩，突破了原有的考试程序；二是应聘者的表达能力太差，在考官的心目中，已经不想再往下进行；三是考官精力不集中，没有注意听应聘者的发言；四是遇到了不好回答的提问。

如果遭遇面试突然"卡壳"的状况，应聘者一定要保持头脑清醒。 解决"卡壳"的问题，可以尝试用下面的方法来处理：

（1）可以向考官提出自己有疑惑的地方，让考官的注意力回到你身上。

（2）回想双方的交谈是否已经越过了应试范围，假如是，赶快把话题拉回来。

（3）主动更改谈话内容。

（4）检查一下刚刚自己的言谈中还有哪里需要补充。

面谈的气氛最好是意犹未尽，戛然而止，而不是无言以对。 这就需要应聘者在面试准备过程中，准备好面试话题，并对面试话题进行设计。 在面试前、面试中，都应该有条不紊地将之前预备好的腹稿准确适时地表述出来。

4. 对于问题含糊不清

有时候，在面试过程中，面对考官提出的问题，面试者没听清楚或没听懂他想问什么，不清楚他到底想说些什么。 这时，你千万不要胡乱说一通，一定要按着实际情况讲出原因。 当然，你可以请对方再次说明。

但是，也可能会碰到这种情况：即使再问一次，还是没有抓住问题的关键。 那么，这个问题也许是主考官对问题组织得不好，问得不妥当。 这时，你应该含蓄地表达一下具体哪里不清楚，你也可以尝试着说"不知道您想知道的是否是……"之类。 但态度要诚恳，切不要胡乱猜测，信口开河。

假如主考官提出的问题，是由于你对相关的科目、事物、学问认识不够而导致你听不懂，那么，你最好明智地承认："我不懂。""对于这个问题，我的认识还不够，今后需要在这方面加强学习。"你这样诚恳的回答，倒是可能得到主考官的好感。

女性如何克服面试紧张

很多女性应聘者会出现这样的情况：本来自己在私下里准备得很充分，但是在面试中却表现失常，有的会因为太紧张而说不出话，就算说话也总是说错。 那么，要怎么摆平这些状况，让自己可以在面试过程中侃侃而谈呢？ 这需要女性求职者熟练地掌握以下策略：

1. 心态要平和

在人们的心目中，面试的双方不可能处于平等的位置。 面试官掌握着对应聘者的"生杀大权"，对应聘者有选择的权力。 可是，作为一个应聘者，特别是女性，更加容易产生自己是被选择者的想法。 所以，在应聘当中容易处于被动位置。

这种无形的心理压力会使面试者在面试过程中变得不像平时的

自己，本来活泼开朗的你在应聘时可能会变得正襟危坐、不苟言笑，之后很不自然地回答考官问的问题。除此之外，不敢再多说话。

其实，面试时认真对待是对的，但是要是过于严肃，难免会让对方认为你是个不苟言笑、不知变通的人。这样一来，就没有办法将真实的你表现出来，对于应聘者来说，这是很不好的。

所以，这时的你需要的是平和的心态，然后用平等的姿态去回答面试官的问话。你们原本就是平等的，工作本来就是双向选择，因此，你没有必要降低自己，使自己处于被选择的被动地位。而且你要相信，只有平等的对话才可以换来公平的结果。只有你也怀着平等对话的想法，才可以充分自然地表现出自己的真实水平，同时，轻松的状态也可以让你的言语变得活泼起来，你表现得越是洒脱大方，就越可能得到面试官的称赞。

2. 别在细节上出错

女性本来应该是心思缜密的，可在面试的紧张气氛中，可能会使你忘记一些细微问题，然而，你成功的关键可能就在于一些小细节。

也许大家都听过这样一个故事，在一个大型企业的面试当中，在应聘者等候面试的等候室的地板上有很多散落的白纸。大部分的应聘者对此视而不见，只有一个小姑娘顺手把这些白纸捡起来，然后一张一张弄干净、叠整齐放回办公桌上。而最后只有那个小姑娘被录用了。虽然她没有什么工作经验，也没有很高的学历，但是她的细心让她通过了面试，因为那些白纸就是那个公司的考试题。小姑娘的行为就是最好的语言表述：她是一个做事仔细而且爱护公司财产的人。公司当然会录用这样的员工。

3. 不要被面试官诱导

用人单位为了了解应聘者的性格、应变能力和心理承受能力，常常会在面试过程当中设置许多语言陷阱，这一招可以淘汰很多的应聘者。例如，你的面试官会问你是否愿意将自己在上一家公司的客户资料带来，作为获得这份工作的交换条件；或者问你有什么方法可以让公司逃税等很不合法的问题。这个时候，你一定不可以顺着面试官的提问方向跟着他的话题走。若这样回答，你就进入了他为你设置的陷阱中，让自己的人品受到质疑。正所谓"先做人，后做事"，你做人都有问题，又怎么可以为公司做好工作呢？

女性应聘者在面试当中会碰到很多问题，这就需要你掌握运用面试语言的要领，用最好的方式将自己的闪光点表现出来。当然，面试的要领还有很多。遇到具体的问题我们应当怎么处理，下面会详细为大家介绍。

女性如何克服面试时的羞怯心理

进入职场的第一关就是面试，这一关是否表现出色直接影响到你未来的发展方向。特别是对于大学毕业刚步入社会的女生们来说，可不可以成为一个优秀的职场白领，是你走向成功的第一步。

所以，在面试时，把自己的优势和强项完美地运用语言表现出来，是十分重要的。

对于大部分女性来说，任何形式的笔试她们可能都不会担心，甚至非常自信，但是一旦到了面试环节，就会不由自主地出问题。其中很大一部分原因就是她们的害羞心理在作祟，由于害羞而胆怯，进而说话没有条理、发挥失常，从而失去了一份很适合自己的工作。

当然，不光是刚毕业的女生会这样，就算是已经有工作经验的职业女性在变换工作的面试中，也可能会出现这样的羞怯心理，影响自己的正常发挥。所以，由于害羞而让自己失去大好前程的职业女性们常常扼腕叹息，但又不知道该怎么改变这种现状。有些女性甚至由于羞怯引起的一次次面试失败而让自己陷进消极心理暗示的泥潭中难以自拔，越来越害怕去面试了。

其实，面对陌生人时出现羞怯心理是所有人都会有的正常表现。尤其是我们面对的那个人还对我们的未来有着一定的作用，羞怯就会变成紧张，总是紧张怕会说错话，最后我们还就真的说错了话，结果就出现了面试计划的"流产"。

那么，对于一个初入职场或者要换工作的职业女性来说，要如何克服这个让人烦恼的问题，让自己在面试时表现得落落大方、侃侃而谈呢？下面的内容可能会对你有帮助：

1. 在谈话中多肯定自己

既然对方通知你来面试，这就证明你的某些地方还是让他们很满意的。所以，你要做的不应该是害怕自己不能胜任这份工作或者为自己的胆小找借口。而是敢于肯定自己，善于发现自己的优点，多给自己一些自信和勇气，你就会发现你真的是很出色的。 人和人之间是平等的，无论对方的性别、年龄、身份、地位，即使面试官在很大程度上决定了你的命运，甚至未来有可能会成为你的领导或主管。 但是在人格上，你们是一样的，你完全没有必要感到胆怯。在面试时，你只要将自己内心真实的想法明白地表达出来就可以了，其他的事是别人的事，你不用想那么多。

2. 没有必要草木皆兵

在面试当中，你可能会看到面试官彼此之间对你的表现私下沟通，这时，很多女性就会开始觉得害怕，变得草木皆兵，害怕自己是不是哪里做得不太让人满意。 一旦被这种心态控制，以后的发挥自然会被影响。 所以，在面试时，你一定要告诉自己，不要怕别人议论，被人议论是平常的事情，他们议论你，证明你有被议论的价值。 再说，"人非圣贤，孰能无过"，只要是自己很尽力地去做这件事了，就没有什么可担心的。 要是因为担心说错话而太过压抑自己，不敢再表达自己，那么，你一定会失去那份非常不错的工作。

3. 别害怕失败

没有人从来不出错，也没有人没有出过错。 一次失败了，没有什么可害怕的，谁也不能确定自己第一次面试就可以被人人都削尖脑袋挤破头的大公司一下子录取。 要是你由于一次的面试失败而对面试产生恐惧，那你也就真的不会再有机会成功了。 要是你想成为一个成功的职业女性，就必须愈挫愈勇。 只要在失败中找到原因，以免下次犯同样的错误，你就可能找到理想的工作。

4. 要多说自己的想法、看法

想要在面试中让自己流利地表达，最好的办法就是让自己习惯说话。 在任何场合，都要积极把握和别人沟通的机会，试着与他人聊天、寒暄，从中学习说话技巧，培养自信。 你可以先从向生活中的熟人或比较陌生的人问好开始，说得多了，你就会发现自己越来越习惯跟陌生人说话。 到了面试时，就会非常顺利地表现出完美的自我。

要是你是那个要去参加面试的羞怯的女生，并且要让自己从胆怯、紧张中站出来，就一定要先遗忘恐惧，勇敢地面对挑战。 一个小小的面试不算什么，你要知道，那些在台上说得天花乱坠、慷慨激昂的演说家或者著名的表演者，他们在面对大众的前一刻也会感觉胆怯、紧张。 可是，当他们站在众人面前时，他们只是想着把要做的事做好，这时，一切恐惧感都不存在了。 要想在面试当中对答如流，就可以向他们学习。

女性如何回答敏感问题

在求职过程中，女性常常会遇到一些敏感、尴尬的问题，不管如何回答都觉得不妥，很难让自己和别人都满意。 那么，面对这样的尴尬问题，到底该如何回答呢？

1. 你是否愿意出差

考官总是喜欢在面试的时候提出这样的问题。 其实，招聘方并不是真的想得知你对出差是否喜欢，当工作需要时，你不喜欢出差一样得去。 一般考官问这个问题的目的，是想透过这个问题得知你的亲人对你工作的态度。 很多刚毕业的年轻女性面对这一问题时，也许会立即这样回答："我现在年轻，在家里坐不住，尤其喜欢出差，一方面为公司办事，另一方面又可以领略到美妙的自然风光。"但是，我们再看看这位女士是如何回答的："如果公司需要，我一定会义无反顾。 这两年因忙于求学和谋职，几乎没出过远门，尽管家人不反对，男朋友也想跟我一起出去玩玩，但一直未曾实现过。 出差很可能会成为我今后工作的一部分，这一点在我来之前，家人早就提醒过我了。"

以上两种回答都展现了很好的口才，但第一种回答在表达效果上就要逊色一些，出差顺便逛逛风景名胜这是符合常理的，可这样一表达，就会给人一种主次颠倒的感觉；第二种回答就相对正中红心，妙就妙在那位女士能猜透考官提问的目的，所以，这样的回答很有可能就会被聘用了。

2. 你觉得家庭与事业之间存在着不能调和的矛盾吗

其实，回答这个问题比较困难。 每一个用人单位都特别希望公司的员工以事业为重，但是，要想使员工无后顾之忧，可以集中精力工作，自然也希望员工拥有一个幸福美满的家庭。 因为，只有家庭和睦，员工才可以在工作中真正发挥出他们的聪明才智。 显然，面对这个问题时，回答"是"还是"否"显然都不太合适。

在这里，笔者认为这样回答比较好："我认为，不管在工作上还是在家庭中，女性的最大目标都是要使自己活得有价值。 虽然我是一个很想通过工作来证实自己的能力、展现生活的乐趣与意义的女人，但整理好家务事同样具备它的意义。"这样回答，可以恰到好处地体现出女性独有的柔中带刚的特性。

3. 你怎样看待晚婚、晚育

不要以为这个问题与工作关系不大。 你对此的回答是否得体，可能会直接关系到你的应聘是否能通过。 招聘者之所以提出这个问题，是想知道在工作与生育的问题上你持什么观点。 女性求职为什么普遍比较难？ 这就是问题所在。 为了工作晚结婚、晚生育，当然是用人单位希望得到的结果，但如果真的这样做了，恐怕也会令人产生疑惑：如果连孩子也可以放弃，假如再有其他利益驱动，是否会抛弃一切，包括她曾经喜爱的工作呢？

"任何人都想鱼和熊掌能够兼得，当二者不能同时得到的时候，在一段时间内我会选择工作，因为拥有一份好的工作，未来培养孩子就会有更加坚实的经济基础。 我认为，总有一个适合的时间来让我兼顾。"这样回答，不仅可以消除疑惑，又可以提醒上司在你生孩子休息时仍把原来的位置给你留着，而避免被他人顶替。

4. 面对上司有超越关系的想法，你会怎么办

招聘女秘书时，常常会问及这类话题。 回答此类问题时，一定要含蓄一些："你们提出这个问题，我特别感激，这说明贵单位的高层领导都是光明磊落的人。 不瞒诸位说，曾经我在一家公司做过一段时间，辞职的原因就是因为老板起了非分之念，而在当初他们招聘我时就没有问到这个问题。 两相比较，假如我能应聘进贵单位，就没有理由不去为公司的事业尽心尽力。"这位女士的应答堪

称精妙。 她的精妙在于没有直接回答"该怎么办"（因为那是建立在上司"有"超越关系的基础之上的），而是通过一个事例来表明自己对待这件事的坚决态度，但又没让问话者难堪。 这样，即便新老板确有投石问路之意，今后肯定也不敢轻举妄动了。

第六章

与老板、上司非暴力沟通的高招

与上司说话要有分寸

在职场中，身为下属，一定要想办法与上司处理好关系，而处理好关系的主要武器便是说话有分寸。一定不可信口开河，贸然出言，否则一语失当，悔之晚矣！

唐朝的魏征向来被唐太宗所重用，唐太宗却因为面子想杀掉魏征。

一次上朝，当着朝臣的面，魏征直谏一事，顶得唐太宗面红耳赤，大丢脸面。但唐太宗还算是一个开明、有作为的皇帝，想到自己曾让大臣"事有得失，毋惜尽言"，所以不好当堂发作。但下朝之后，却恼怒地喊道："总有一天我要杀死这个乡巴佬！"皇后问他要杀谁，太宗说："魏征经常当朝羞辱我。"皇后闻言心中大惊，她明白太宗的脾性，说不定真能找机会把这个贤臣杀了。于是她急中生智，立刻恭喜皇上拥有如此忠臣，使唐太宗突然醒悟，才免了魏征死罪。

试想，若唐太宗并没有这么英明，并没有这么大的胸怀和气度；如果皇后没有想出一个好办法替魏征求情，魏征的脑袋岂不早就掉了。

这其中的经验与教训必为下属三思，引以为戒。

虽然我们主张对上司不要一味地采取"叩头"的政策，但对上司跟对一般同事是不同的。 况且一般同事之间也应当把握分寸，不能太无所顾忌。 对于上司，则应该更为注意。 平时说话交谈之中，汇报境况的时候，都要多加小心。 下面就是一些应该避免在上司面前说的话：

1. 对上司说"您辛苦了"

说"您辛苦了"这句话，本来应该是上司对于下属表达关心或犒赏时说的，如今反过来倒由下级对上级说，似乎不大妙。

2. "我想这事很难办"

上司分配工作任务下来，下属却说"不好办""很困难"，这样会使上司很没面子，一方面显得自身在推脱责任，另一方面也显得上司没远见，让上司颜面上过不去。

3. 对上司的问题回答说"随便，都可以"

以"随便，都可以"来回答上司时，上司会认为他的下属感情冷淡，不懂礼貌，对说这句话的人，自然就看低了。

4. 对上司说"这件事你不知道"或"这事你不懂"

"这件事你不知道"或"这事你不懂"，如此说，不仅会对上司，而且对熟知的朋友也会造成不经意间的伤害。 对上司说这样的话，特别不敬。

5. 不轻易说"太晚了"

这句话的意思是认为上司动作太慢，导致误事了。 在上司听来，一定认为你是在责备他。

6. 对上司说"不行是不是？ 没关系"

这话明显是对上司的不尊重，没有敬意。 退一步来说，也是说话不讲方式方法，说出不恰当的话。

7. 接受上司交代的任务时说"好啊""可以啊"

"好啊""可以啊"在语言含义上含有批准、首肯的意思，常用在上司通过对下属的审核态度时所说。 得体的说法应该是"是""知道"，表达"承受命令"的意味，这用在下属承领上司的命令时说就比较合适。

准确明白上司的指示

和上司之间的关系怎样，取决于工作表现与情况交流。 工作表现平淡而又不善于沟通，想和上司建立起良好的关系是不可能的。所以，能准确明白上司的指示、命令是与上司建立起良好的人际关系，赢得上司信任的基本条件。

1. 精神饱满，爽快利落

当我们被上司喊来接受指令时，痛快而精神饱满地回答"是"是很重要的。 这一点说起来容易，但做起来不简单，很少有人能真正做到这一点。

即便你自己正忙着工作，在上司叫你时，你也要快速站起来回复："是！"这样一来，上司会觉得你工作很积极，非常爽快利落，因此信任你。

要明白，若上司对你不信任，而是觉得把工作给你很不放心，那对你的前途极为不好。因为对你没有信任感也就不会看重你、提拔你。

2. 把指示或命令听完，不要轻易打断

上司在交代工作时已经提前想好了交代的顺序，所以，假如你在上司交代的过程中突然打断他，提出自己的疑问，很容易打断上司的思绪，忘记讲到哪儿了。这时，上司不仅会感到尴尬，还会很生气。因此，在接受指示或命令时要先把上司的话听完，接着再提出疑问或提出自身的看法，这样做是很有必要的。

3. 清楚地表示自己已经明白指令内容

上司会从你的表情、动作来推断你是否清楚、明白了他的目的。于是，在上司交代工作时，你要用点头的动作来表明你已经清楚、明白了工作的内容。然而当你不点头时，上司也就知道你这个地方不太懂，需要再次说明一下。

4. 如果无法接受，要恰当地说明原因

也许你经常会遇到自己正忙着一项工作，上司给你安排另一项工作的情况。这时，对上司的指示或命令就并非一定能够接受了。因为你正在忙着的工作需要在规定时间内完成。所以，如果你接受了另一项工作，以前的工作就无法在规定期限内完成了，反而会为自己和公司带来麻烦。

此时，必须确切地说出你不能接受的理由，而不能只是简单地说"不行啊！"你应该先说声"实在对不起"，接着陈述拒绝的缘由。

上司认为你可以把这份工作做好，才把工作交给你。你如果仅仅说"不行"的话，上司会很生气的。因此，你要说："我正在从事另一项工作……"或"这项工作也很急……"再把自己正在做的工作的内容详细解释一下，然后等待上司的指示，因为你自己是没有权利决定的。

5. 别忘了委婉地阐述自己的意见

若你对上司的指示或命令有个人的看法或有更好的办法时，坦白地阐述自己的意见很重要。但你也别忘了，必须注意说话的技巧，要婉转地提出自己的意见，如："经理，您的想法我能了解，但我认为这样做可能会好一点。"

当然，能说出自己具体的建议和根据是最好的。因为，对上司的指令可以说出自己独特的意见，这在一定程度上是你工作能力的体现。如果是有的放矢的建议，那上司一般会很高兴，也能够接受你的建议。

善于拒绝上司出的难题

在工作中，我们也总会遇到一些来自上司的要求，假如你确实力不能及而不得不拒绝时，一定不要立刻表示不可接受，而要先谢谢他对你的信任和看重，并表示很愿意为他效劳，再含蓄地说出自己爱莫能助的困难。如此，双方都可以接受，不至于弄得很不开心。下面有这么一个例子：

"小杨，请你今天晚上把这个讲稿抄一遍。"经理指着一叠起码有三四十页的稿纸对秘书小杨说。小杨听后，面露难色，说："这么多，怎么抄得完？""抄不完吗？那请你另觅轻松的去处吧！"可能经理正在气头上，于是小杨被"炒了鱿鱼"。

小杨的被"炒"实在令人惋惜。但是，这是能够想象的，像她这样生硬直接地拒绝上司的要求，给上司的感觉是她在反抗，不听从指示，扫了上司的威信，被"炒"也就在所难免了。实际上，她可以处理得更灵活些。比如，她可以马上搬过那一堆稿子，埋头就抄起来，等抄了一两个小时后，把抄好了的稿子交给经理，再含蓄地说出自己的困难。那么经理一定会很满足于自己说话的威力，并意识到自己要求的不合理之处，而加长时限，这样，小杨就不至于被解雇。

秋高气爽，你正想利用这段黄金时间给你陈旧的居室进行一次装修；工作之后，你正不分昼夜地撰写一篇论文。此时，你的领导却要你去远方出趟差，执行另一项工作任务，是拒绝呢，还是心不甘、情不愿地碍于情面勉强答应下来呢？

很明显，勉强答应下来的结果就是敷衍，即使任务完成了，也不一定能让上司和自己满意。这时，你最好的选择是拒绝。可是如何拒绝才能不让自己难堪，又不使上司对你失去信任呢？

1.不可一味地加以拒绝

虽然你拒绝的理由冠冕堂皇，但是上司可能仍坚持非你不行。此时，你便不能一味地拒绝，否则，上司会以为你只是在推辞，因此怀疑你的工作干劲和能力，从而对你失去信任。以后在工作时，也会有意无意地使你与机会失之交臂。

2.拒绝的理由一定要充足

首先，设身处地表示自己对这项工作的重视，表示自己愿意接受的心情；接着，再表明自己的遗憾，具体说明自己为何不能接受。比如："我有项紧急工作，一定得在这两天赶出来。"这样，充分的原因、诚恳的态度一定可以得到上司的理解。

3.提出合理的变通方法

对上司所交代的事，你不能答应，又无办法拒绝，此时，你可得认真考虑，千万不可怒气冲天，拂袖而去。你应该与上司共商对策，或者说："既然如此，那么过几天，等我手上的工作告一段落，就着手做，你看怎么样？"另外，你也可以向上司推荐一位能力相当的人，同时表明自己一定会去给他出点子，提意见。如此，你一定能进一步赢得上司的理解和信任，也会为你今后的工作铺开一条平坦的大道，因为上司也是和你一样的有血有肉、有感情，曾经做过职员的人。

注意向上司汇报的方式

假如你和你的上司关系密切，那么汇报工作就可以简单点。但假如你是新手或和上司关系一般，你一定要留意汇报工作的方法和时机。不管哪种情况，你做些准备或准备些资料总是没错的。通常情况下，汇报工作时要注意以下几点：

1.注意汇报时机

对于好消息，不管什么时候，只要上司有时间，都可以进行汇报；可是假如不是好消息，或需要费用，要不是万不得已，在上司心情不好的时候最好不要进行汇报，否则，也许会给你带来一些额外的、没必要的麻烦。 比如，你由于工作原因，想买一台数码相机，有了它，可能会提高工作效率。 假如你的上司心情好，见人就笑嘻嘻的，这时你向他提出这样的要求，也许很轻易就能得到上司的同意。 可是如果他当时心情不好，你一提出，他也许立刻会讲："没数码相机就不可以工作了吗？ 再说你现在事情也不是很多，平时就已经闲得发呆，到处闲聊，干嘛还要买数码相机呀！"你听了这些话后，是不是感到心里很堵得慌呀？

2. 理由要充分

你要把想汇报的内容弄清楚了再找上司，假如有资料，则准备些资料最好。 在汇报时，上司可能会问你一些细节，你如果不会回答，就可能会给上司留下太粗心的坏印象。 比如，某政府部门要你们单位缴纳一项费用，在向上司汇报前，最好要搞明白是否有文件规定，标准如何，能否减免，其他单位缴纳情况，缴纳时间及期限，假如不缴纳会怎样，如何和这些部门联系，收费部门负责人是谁等。 把这些问题弄清楚了之后，再去给领导报告是不是心中踏实多了？

3. 表达要简洁

汇报时语言要简洁，和汇报内容无关的事情尽可能不要说。 否则，会节外生枝，弄出一大堆事情出来。 有时，上司会问你一些事情，也许会扯出很多事情来，最后汇报就脱离了主题。 因此，你要常常注意你的汇报内容是什么，不要跑题太远，不然，你的上司会觉得你逻辑不清。

学会和上司谈绩效

其实，这并不是特别困难的事，只要努力做到以下几点就可以了。

1. 做好充分的准备

由于年度绩效考评牵扯到每个员工能否升职加薪的问题，因此，在与上级谈论年度绩效的时候，一定要做好充分的准备。

年度绩效考评交流是证明工作业绩的关键，同样也是上班族增加收入的重要方法。跟上司谈绩效时，作为员工的你一定要掌握可以证明自己工作业绩的证据。因为只凭主管或自己的记忆力，必然无法清楚地记得一年来的功过，因此，只有以书面的形式写清楚，才能在上司面前证明自己的工作业绩，也许你的这份细心还会获得上司的赞赏。

2. 掌握谈判技巧

如果你与上司对绩效评估的结果想法差距太大，也不能和上司直言争辩，而要掌握技巧，含蓄而坚定地表明自己的观点，并把平时对工作成绩的记录呈现出来。

3. 承认自己的不足

有时候，在绩效评估的过程中，上司也会指出你有一些小的缺陷，如果你自己确实有这方面的问题，就需要主动承认，并且认真改过。 一般来说，上司在每年度开始时，都提前为每一个员工设定了年度绩效。 如果在进行年度绩效评估时，你的年度绩效没有达到预期值，就应该在这个时候与上司探讨原因了。 是起初设定的目标有差错，还是自身能力有限？ 如果是自身能力的问题，就要主动承认自己的缺点，并要求接受在职训练，以提升工作效率。 此时，你的诚实往往会赢得上司的赞赏，让上司认为你是一个可塑之材，同时，自己也会不断地取得进步。

当然，在承认不足的时候，为了使自己在绩效评估中获取好效果，在缺陷的边缘为自己增添上漂亮的花边，也是无伤大雅的。 就算该方法不能给自己加分，至少也是不能减分的。

善于给上司提意见

下属给上司提意见时，必然有一定的心理压力，总担心善意地提意见反而会把自己与上司的关系弄僵了。 所以，面对来自上司的压力，总有一些话如鲠在喉，不吐不快。 此时此刻，你如何表达才能既让上司接纳你的意见，又让他觉得你不是在故意与他作对或者不给他面子呢？ 这时，你不妨试试以下几点：

1. 将"意见"转化为"建议"

在恰当的时候向你的上司提几点"建议"，它不仅包含了你所要提出的意见，而且还点出了解决问题的方案。

但需要注意以下几个问题：

（1）选择适当的时机。 这里主要考虑到的是你上司的心情。请牢记：他也是个普通人，在公务缠身、诸事繁杂时，他未必有很好的耐心来听取你的建议，尽管它们极具建设性与前瞻性。

（2）关注对方，恰当举例。 谈话时应密切关注对方的反应，通过他的表情及肢体语言所表达的信息，快速判断他是否认同你的观点，并根据需要而适当地举例说明，以增强说服力。

（3）态度诚恳，言语恰当。 一定要注意说话的语气和敬语的运用，恰到好处地表达出你的想法，由于你的坦率和诚恳，即使对方不完全同意你的观点，也不会影响到他对你个人的看法。

2. 限用一分钟表达

如果你向上司提建议的话，你认为多长时间比较合适？

一般来说，上司都会对冗长的建议感到不耐烦。 假如你能在一分钟内阐明你的建议，他就会觉得很轻松，而且如果觉得"有理"，也相对容易接受。 反之，倘若他不赞同你的观点，你也不会浪费他太多的时间，他会为此感谢你。

如果想再具体确定一下语速的话，那么，最好将你的语速维持在每分钟 300 个字左右，如果比这个标准慢，就显得太过缓慢。

第七章

与同事、下属非暴力沟通的必备法则

与下属沟通要讲艺术

一个领导只有掌握了沟通艺术，才能成为一个好的领导。

如果你是一个领导，那么你就不得不与你的下属——那些职位低于你的人——进行有效的沟通。 可以说，沟通艺术是领导艺术中非常重要的一种。 一个领导只有掌握了沟通艺术，才能成为一个好的领导。 遗憾的是，很多领导与下属之间出现了沟通上的问题，这不仅对个人产生了很不利的影响，而且也阻碍了工作的顺利进行。

该如何有效地和下属进行沟通？ 应该做到下面这几点：

1. 清晰、明确地下达指令

很多领导喜欢长篇大论，这往往导致在说完某件事情后，下属们完全不明白他想要表达的意思究竟是什么。 这是因为领导者在下属的心目中已经建立起了某种权威，他们说的每一个字、每一句话都会作为重要信息，传达到下属的大脑里。 正因为接收的信息过多，下属忽略了领导想要表达的重要信息。 我并不想说这完全是领导者的责任，但是至少他应该承担大部分的责任。

（1）清晰、明确地下达指令，这是对领导者的基本要求。 用简洁、有力的话表达你的意思，将其有效地传达到下属的脑海中去。 尽量让你的指令没有歧义，也符合下属能够理解的水平。 你考虑的不应该光是你想要表达什么，还应该包括听的人接受了什么。 不要让自己的话漫无边际，只有等下属完全明白了你的意思，你才可以这么做，而且你的确不应该长篇大论，因为下属有他们自己的工作要做，他们不是来听你的高谈阔论的。

（2）不要朝令夕改，要让你的指令都是你成熟的想法。 许多领导者有许多新奇的想法，他们是高效率的"点子"生产机。 他们经常会否定1个小时前的指令，而用新的指令去代替它。 这让下属十分头疼，不知道该怎么去做，因为他们往往同时得到几个相互矛盾的指令。

2. 对下属进行有效批评

当下属做错了一件事情，或者没有完成某件事情的时候，领导当然应该对其进行批评和训导。 关键在于，你的出发点是想解决问题。

（1）保持平静的态度。 不要给下属一种正在被审判的感觉，你需要营造一种平和、认真的沟通氛围。 只有在这样的氛围当中，你们才能有效地解决问题。

（2）对事不对人。 在你进行批评和训导的时候，应该让他觉得你并不是针对他本人，而是针对具体的事情进行批评的。 你应该平静地指出问题之所在，并且以各种方式暗示对方，你的目的只是为了使工作做得更好，而不是图一时之快。

（3）公正地指出下属所犯的错误和应该负的责任。 任何一个错误都不会只由某一个人造成，并且你的下属当然也不希望犯这样的错误。

（4）不要给他一种罪不可恕的感觉，你应该指出他只是造成这个错误的一分子，并且应依照相关的规章制度客观地指出他应该承担的责任。

（5）对其进行鼓励。 不要忘记鼓励犯了错误的人，他们可能已经在某种程度上对自己失去了信心，急需别人给予肯定。 当然，也不要忘记指导他们对错误进行改正。

3. 随时和下属进行谈心

及时了解下属的想法和意见，是防患于未然的一个重要方法。谈心是一种最直接和最有效的沟通方式。要做到成功地与下属谈心，应该注意以下几点：

（1）确定目标。确定谈话的具体目标，明确谈话的主题，列出你可能和对方交换、传达的信息，然后安排好谈话的时间和地点——我认为不应该固定时间和地点。

（2）了解下属。彻底了解你谈话的对象。要从下属的角度出发考虑谈话中可能会出现的问题，以及谈话会对他产生的影响。

（3）引导谈话。将谈话引导到你的预定方向上去。当然，你可能也会得到很多意想不到的收获。

4. 让下属服从命令

让下属服从自己的每一个命令，这是领导极希望看到的事情。"拿着大棒轻轻地走路"，这个外交政策在让下属服从你的时候正好适用。在你"轻轻走路"的时候，如果你能够找出别人需要什么，然后告诉对方你能够满足对方，那么你就成功地控制了你的下属。

在这一阶段你可以采取以下3种方式满足对方的需求：

（1）称赞对方。称赞这一古老的方法依旧有效。告诉对方他干得十分出色，你实在很需要他，这样他就会听从你的命令。

（2）让对方明白这一工作对他很有用。了解他的需求，告诉他这项命令正是能够满足他的需求的，这样他就会很自然地为你效命。

（3）给他实际好处。告诉他如果他能够干得出色，就将得到很多实际的好处。这一方法很有用，但是你需要付出点儿东西，而上面两种方式不需要你付出什么。

如果你在第一阶段遭到了失败，不要灰心。不要忘记你是领导，把你的"大棒"在他面前挥一挥，这样他很可能就会听命于你。 不过，你最好尽量少地使用这种方法。

5. 巧妙地拒绝下属

当下属向你提出某个你不能满足的要求，或者提出某个你不同意的计划的时候，不要直接地拒绝，你应该学会拒绝的技巧。

（1）对事不对人。 让他明白这是公司的制度或者他的计划的确不行，对任何人你都会拒绝的。 不过，你最好尽量少地以公司的制度来作为借口——如果他的确是那种可以通融的人才，不妨放他一马；如果正好相反，则告诉他你拒绝的理由。

（2）换一种方案。 为了使他容易接受，建议他换一种方案。比如，如果他想调整工作时间，但是现在公司却处在紧张的状态下，告诉他如果有同事愿意跟他调换的话，你可以同意他的要求。

（3）拖延时间。 这是一种不得已的办法，可以帮助你暂渡难关。 但是一段时间以后，对方还是会旧事重提的。 不过，那时候也许你会有更加巧妙的借口。

上司必须掌握交谈的技巧

下面就是上司在与下属交谈时应该掌握的几个技巧：

1. 要善于激发下属讲话的愿望

上司固然是讲话的主导，但也要留给对方讲话的机会，以完成信息交流的任务。

2. 要善于启发下属讲实话

上司一定要克服专横的作风，不要以自己的喜好表现面部的高兴与不高兴，并且尽可能让下属了解到：自己想知道的是真实情况，并不是奉承的话，消除对方的顾虑和各种迎合心理，这样才能得到全面、有用的信息。

3. 要善于抓住主要问题

上司讲话必须突出重点，简明扼要，要阻止对方离开讨论的话题，漫无目的乱谈一气。

4. 要善于表达对谈话的兴趣和热情

谈话中上司要充分利用一切手段——表情、姿态、感叹词等，通过它们来表达自己对下属讲话内容的兴趣和热情。在交谈中，上司微微地一笑，赞同地点一下头，充满热情的一个"好"字，都会被下属视作鼓励，更激发他们献言献策的热情。

5. 要善于掌握评论的分寸

在听取下属讲述时，上司一般不宜发表评论性意见，以免对下属起引导作用。若要发表评论，一定要注意评论的分寸。

6. 要善于克制自己，避免冲动

通常下属反映情况时，常会忽然批评、抱怨起某些事情，而这其实是在指责上司。这时，上司要头脑冷静、清醒，要控制好自己的情绪。

7. 要善于利用谈话中的停顿

下属在讲述时常常会出现停顿。停顿大致有两种情况：一种是有意识的。它是下属为试探上司对他谈话的反应，希望引起上司作出评论而做的。这时，上司有必要给予一般性的插话，以鼓励下属，使谈论继续下去。另一种是思维停顿引起的，这时上司应采取反问、提示等方法帮下属理清思路，使谈话继续下去。

8. 要善于利用一切谈话机会

谈话有正式和非正式两种形式，前者多在工作时间进行，后者多在业余时间进行。作为上司，除了正式谈话，也不应放弃非正式谈话机会。业余时间无主题的谈话，是在无戒备的心理状态下进行的，哪怕有时只是只言片语，也会得到意外的信息。

展现说话的亲和力

有一家知名的化妆品公司，为了扩大自己公司产品的影响力，总经理王兰自己用的化妆品都是公司生产的。当然，她也不鼓励公司职员使用其他公司的化妆品。那么，她是怎样同职员交流这一想法的呢？

有一次，她发现一位经理正在使用另外一家公司生产的唇膏。她轻轻走到那位经理桌旁，微笑地说道："老天爷，你在干吗？你不会是在使用别的公司的产品吧？"她的口气十分轻松，脸上依然挂着微笑。那位经理觉得非常不好意思。几天后，王兰送给那位经理一套公司自己生产的口红，并对她说："如果在使用过程中发现有什么问题，欢迎你及时地告诉我。先谢谢你了。"再后来，公司所有员工都得到了一整套本公司生产的适合自己的化妆品和护肤品。王兰女士亲自做了详细的使用示范。她还告诉员工，以后本公司职员在购买公司的化妆品时可以打折，享受优惠服务。

王兰亲和的态度，得体的语言表达，使她自然地推销了自己的产品，并成功地灌输了她的经营理念。

这就是亲和力，它是人们说话时的一种态度。它可以轻松地消除人与人之间的隔膜，进而使传达者有效地把自己的思想和观念传递给被传达者，同时，被传达者也易于接受。

某公司面向社会招聘总经理。最后，一位女干部脱颖而出。且看她是如何施展亲和力的：

问："你是个外行，如果你当经理，怎样调动起大家的积极性？"

答："论管理企业我并不认为自己是外行，何况我们公司还有那么多懂管理的干部和技术高明的老工人，有许多朝气蓬勃、勇于上进的年轻人。我上任后，把老师傅请回来，把年轻人的工作、学习和生活安排好，让大家把工厂当成自己的家。"

问："咱们公司不景气，去年一年没发奖金，如果我想跳槽，你上任后能放我走吗？"

答："你要求调走，是因为公司办得不好，如果把公司办好了，我相信你会选择留下来。如果你选我当经理，我先请你留下看半年后有无起色再说，如果半年后无起色，我和你一起走。"

话音刚落，全场立即爆出了掌声。

问："现在公司要精减人员，你来了以后要减多少人？"

答："调整干部结构是大势所趋，现在科室的干部显得人多，原因是事少，所以显得人多，但如果事情多了，人手就不够了。我来以后，要做的不是减人，而是扩大业务、发展事业……"

问："我现在怀孕7个多月了，可我还要站着干活，你说这合理吗？"

答："我也是女人，也怀孕生过孩子，知道哪个合理，哪个不合理，合理的要坚持，不合理的一定改正。"

女工们立即活跃了起来。

这个故事进一步向我们展示了亲和力的作用，也告诉我们亲和力不是巴结和奉承，而是一种心与心的平等和互惠。

高效下达命令的秘诀

命令在领导人管理中是很平常的用法，它既可以通过文件间接传达，还能以口述的方式直接下达。身为一名领导者，"有令必行"应该成为你管理下属的目标。 相反，如果在实际执行过程中，命令被打了"折扣"，预期的效果就很难达到了。 在现代管理过程中，命令被打折扣是经常出现的事情，但是，命令在被执行的过程中走了样，将阻碍你的工作的正常开展。

如果你的命令在下属那里老是打"折扣"，原因很可能是出在你自己身上，也许你需要学习一下怎样对自己的下属发号施令。

一般来说，优秀的上司下达命令时会注意以下几点：

1. 突出重点，避免面面俱到

你的命令如果过于详细和冗长，只会让下属找不到重点，造成错误的理解。

2. 命令应强调结果，不必太强调过程

要达到这个目的，你可以采用任务式命令，即告诉员工你需要他做的事情和时间期限，但是不用告诉他方法。 "怎么做"是他应该考虑的问题。 任务式的命令能够完全调动员工的想象力、主动性和积极性。 不管你的目的是什么，这种方式都会把人引导到做事的最佳路线上去。 如果你是自己做生意，那么你可以通过增加效益来实现。

在员工明白自己应该做什么和你要的结果时，你便能够更加有效地监督他们的工作了。

3. 尽量使你的命令简单化

若你下达的命令简洁、清楚，员工就会知道你到底想要什么，并且会立即去做。 很多时候，员工没有做好工作主要是他们没明白你的意思。 要是你想别人完全按照你的命令去做，那么命令的简单扼要绝对是非常必要的。简单才是最好的，因为它不但便于大家理解，还可以减少发生错误的概率。在商场中，成功的企业往往在工作各方面都追求精确、简单，如简洁的策略，简单的计划和执行纲领，有专门的决策机构，能够简化行政管理程序，以便于采用简单的直接联系。

身为一名上司，你的命令能否有效执行，关系到工作的最终结果。如果想要让命令高效执行，就要掌握传达命令的技巧，明白职员心中所想，不要说一些无关主题、无关痛痒的话。简洁、明了、重点突出才不会让接受命令者一头雾水，也不会让接受者有逆反情绪，才能使信息更加清晰地被接受和执行。不要以为自己是领导就可以随心所欲地发号施令，你的随心所欲换来的很可能是阳奉阴违，并且若命令执行不彻底也是枉然。因此，如何下达命令也是领导者应具备的能力。

如何让部属知道他错了

部属犯了错误，身为主管自然十分不爽，怎么处理呢？不问情由地大声训斥，多半会被部属看扁，认为你是一个无知的蠢货，只会发发脾气罢了；认真、客观地调查实际情况，搞明白部属犯错误的原因，然后再批评教育，这是应该的，但还远远不够。作为一个成功的老板、主管，应该引导部属从错误中认识到自己的不足，把错误当作一个学习的机会。

发现部属犯错误时，要沉着冷静，先做做深呼吸，让自己平静下来，然后思考如何和部属沟通，因为此时如何沟通是最重要的。

1. 首先了解部属对错误的认识

有时候，错误行为没有酿成明显的严重后果，致使犯了错误的人不能正视自己的错误。所以，不要一味地认为，犯错误的人一定知道自己错在哪里。先找他谈谈，看他如何看待整件事情，如果有了明确答案，再进行下一步；否则，就要和他分析问题产生的原因。

2. 了解部属如此行事的原因

和对方仔细地谈一谈，了解他这么做的缘由。听他说明原因，了解他如此行事的心理，可以进一步发现他对自己的工作责任、权限的认同，以及对你这个上级的看法。

3. 部属是否清楚自己的行为的后果

作为主管，你当然了解部属的错误会给自己带来哪些后果：上司的斥责，影响到工作的顺利开展，本来马上到手的利润一下子灰飞烟灭……但是，你的部属却未必了解他的错误将会给上司或部门带来什么影响。充分明了自己的行为可能会带来的后果，是增加责任感的一种行之有效的方法。

4. 部属是否知道应该做到什么程度

很多主管将命令下达给部属，就放任不管，只等着验收了。此时很容易出现差错，因为主管和部属之间对任务的完成程度没有进行充分的交流，没有达成共识。告诉部属齐步走，却没有通知他们走多远，发生错误在所难免。 在给部属布置任务时，要明确告知对方你所期望的结果，让他明白自己的权责范围，让他知道你会随时提供帮助。 这将会保证任务顺利完成。

5. 让部属知道如何补救

错误发生后，只分析错误所在、错误的原因还不够，关键的一步是该如何进行补救。

做错事是不可避免的，但不少错误确实可以避免。 关键在于沟通，尤其是主管和部属之间。 部属的时间要用在工作上，用在如何达成主管的目标上，而不是浪费在揣摩"主管的意图"上。 明确说明自己的要求，部属才能明确工作的方向，办事效率自然会提高。

对员工表示赞赏和感谢

当老板让员工下不来台时，员工对老板和公司的忠诚度与信任度就会大打折扣。 有些老板喜欢站在员工面前指责批评，并责令他们立即做出报告，也有一些老板会向员工许诺做这做那，而最后都没有兑现。

忠诚是人宝贵的品质，可当你让员工下不来台时，这种忠诚会消失得很快。 员工不对他们工作的公司报以忠诚，公司就会成为一种根据经营需求随便雇用和解雇员工的毫无人情的机构。 忠诚只适用于人与人之间。 优秀的老板对员工十分忠诚，员工自然会以真诚回报公司。

要在公司建立一种人与人之间忠诚的关系，需要老板具有很高的人事管理水平。 你要做到在为公司和员工付出时不考虑任何得失，而且在员工追求自己的工作目标时随时给予支持和帮助。 最关键的是，决不能在公开场合让员工难堪。

　　你对员工的忠诚度如何，员工一清二楚。 员工希望你时时留意自己所说的话，不要频繁地做出改变。 如果你不能践行自己的诺言，他们也会感到失望。 他们会将你放在一个特定的位置上，如果你没有能力站在这个位置上，他们就会丧失信心。

　　如果你单独会见员工时，一边讲话一边看电视，他们会感到不被重视。 当一些重要客户来访时，员工期望你以某种方式体现出你的重视，如带头欢迎、向客户介绍员工等。 如果你在客户面前无视员工的存在，他们的内心也会深受打击。

　　你期望员工将你视为偶像，但这会拉开你们之间的距离。 你应该走近他们、了解他们，对他们完成的任务表示赞赏，对他们的理解表示感谢。 将有损员工利益的因素降到最少，即使你有时犯下错误或者失误，他们也不会多加指责。 你与员工走得越近，他们对你了解得就越多，跟你也就更加亲切，这样你就在无形中获取了最可宝贵的财富。

第八章

非暴力沟通中的场景把控

牢记说服手势

手势在说服中有着举足轻重的作用，是一种独立而有效的符号，它可以有效加强说服力，丰富语言色彩。

在说服时，灵活机动的手部动作，能为说服者充分表达思想起到重要作用，即可以用手指动作来表明物体的外部特征，手指就可以表明数字。在说"你……"时，随即用手指向对方，这个手势就是对言语"你"的解释说明。

手势大致可分为象征、说明、协调和补充四类。象征性的手势，可以直接解释某个词语，表示抽象的概念，一般都有相对应的言语意义。这种手势，能够被大多数人或特定人群所熟悉和理解。说明性的手势，可以增强言语信息的内容，对言语起到解释的作用，更能使人们对听到的言语增加形象性的认识和理解。协调性的手势，往往用于紧张环境中调节环境气氛。补充性的手势，可以起到弥补有声语言不足的作用。

手势不同于身体姿势，身体姿势包括全身不断、多变协调的动作，而手势只是身体的部分活动，具有灵活多变性。

控制手势，复杂且难操作。说服时，要求手势必须适时、准确、自然得体。说服时必须谨记：手势之妙，贵在有真意，即有理有据，动于表，形于外，切忌无用和夸张之举；手势之巧，贵在含蓄，切忌直白外露、乱挥乱舞。手势不在多而在精，要有精彩之处。 如果每一句话都配上手势，就会显得复杂难操作，甚至还会给人一种张牙舞爪的不良印象。

要记住说服主要是靠"说"而不是靠"做"，正如唱歌一样，唱歌是以"唱"为主，手势是辅助"唱"的。 如果跳来跳去就会影响其主要目的——"唱"。

但是，无论是做哪种工作，在恰当的时刻配上恰当的手势，都能引起人们的注意，产生想要的效果。 优美的手势让人心中充满快乐，柔和温暖的手势让对方心中充满感激，坚决果断的手势能给人带来勇气。 这样你就不用担心对方的注意力总从你身上移走。

当然，我们不能要求说出的每句话都很珍贵，手势都能起到传递信息的作用。 但是，说话应简洁明了，手势也一样，这应该是对每一个说服者最基本的要求。

如何把握说服距离

说服的有效程度是由说服者与被说服者之间的距离产生的。 因此，空间距离的适度，在人际交往中以及说服劝导过程中，都是不可忽视的。

如果说服对象与你是一种亲密关系，说服时可以与之保持半米以内的亲密距离，皮肤接触也要适度。 只有这种距离，才能更加有效地传递你的说服信息，增强说服的感染力，同时对方也不会产生误会与反感。

在这种亲密距离之间，可以把手放在对方的肩膀或膝盖上，给予对方鼓励性的轻拍，或者用双手轻拥对方给予安慰。这些亲密的接触，都可能产生比单纯的言语说服强好几倍的效果。

如果你与说服对象是一般的同事、同学关系，在进行劝导说服时适宜的私人距离是保持一米左右。如果超出了这个距离，恐怕很难谈得拢。

有的领导者，把部属叫进自己的办公室，让对方坐在一边，自己端坐在写字台后面，冷冷地说："今天，想同你谈一个问题。"这样的空间距离，会拉大与对方心理上的距离，使其有一种压抑感。这种说服多半是以部属的口服心不服导致失败而告终。

另外，谈话者之间不属于亲密关系，但谈得很轻松，这就可能突破私人距离，进入亲密距离。

假如说服者面对的说服对象不是个体，而是一个群体，那么，说服者与被说服者之间最好保持两米以上的社交距离。

说服者与说服对象个体空间的距离，会因说服对象的社会地位、文化背景、性格气质以及情绪状态的不同而产生很大的伸缩性。不同社会地位的人，需要的个体空间不同，地位尊贵的人往往喜欢较大的个体空间，不喜欢地位低的人与自己靠近。如果你是一位师长、领导，在对学生、子女或部属进行说服时，应当有意靠近他们，并做出亲热的举动，对方就会感到亲切和温暖。

不同文化背景的人，需要的个体空间不同。有的人在交往中允许较多的身体接触，希望对方离自己近一些；有的人则相反，即使与你的关系再亲密，也不希望你离他太近。

性格气质对空间距离的需求有差异性。 如果是活泼开朗型的，他会喜欢小的个体空间，所以他可以让别人靠近。 而孤僻自守型的，他会喜欢大的个体空间，宁愿把自己封闭起来也不要别人靠近。

说服对象的情绪状态主要体现在个体空间的差异性上。 如果说服对象处在心情较为平静的时候，个体空间的需求较小，近距离进行说服不会使其反感。 而当他暴跳如雷的时候，个体空间的需求正在进行非理性的扩张，所以会将人拒之门外。

如何采用说服姿势

作为说服者，从开始说服工作起，其身体每时每刻都在表现着。 这些表现，最重要的是身体姿势给对方留下的影响，它会决定着对方是否会听你说话，是否会尊重或厌恶你。

在开口之前就要注意你的姿势。 比如，坐着突然站起来，或者把座位向对方移近一点，或者换个其他姿势等。 只要做得自然，做得得体，对说服工作都会有帮助。

在说服过程中，谈话双方不会并排而坐，而以面对面的姿势为主。 说服者最好在面对面时保持身体都微微前倾。 听人讲话时，这种姿势表示对对方讲的话感兴趣，会给人留下谦虚诚恳、尊重对方的深刻印象。 对人进行说服时，这种靠近对方并微微前倾的姿势，既能减少各种外界干扰，又能给人一种亲切感和信任感，容易使对方获得一种受关心、受尊重的感觉。

不论你采用何种姿势，一般不要侧着身子跟人说话，更不要背向对方，因为那样会使人误认为你在轻视或鄙视他，给人留下一种很不受尊重的感觉。当然，这样的坐姿也使你不容易观察对方的情绪变化，反而容易让你受到外界干扰。

所以，最好采用面对面的姿势进行说服。这样不仅有利于传递说服者的言语和其他非言语信息，而且也有利于及时获取对方反馈回来的言语和非言语信息。所以，即使双方坐在一边，说服者也要把身子扭向对方。

还需要注意的一点是，要尽量向对方展现完整的身体姿势，不要抱臂盘腿，展现出一副优哉的样子。用这样的姿势去听对方诉说苦闷或对其进行说服，都会显得很不得体，也不够重视对方。

如何运用说服表情

人的面部表情可以将其丰富的内心情感表现出来。同情和关心、厌恶和鄙视、信任和尊重、原谅和理解、容纳和排斥、愤怒和反感、欣慰和喜悦等等，都会清清楚楚地表现在面部表情上。面部表情与其他符号比较起来，占有空间小，活动幅度也小，但它却是最传神、最能表达一个人内心思想情感的说服手段。

在说服中恰当地运用面部表情可以增强说服效果，这是我们应该特别重视的。要想把面部表情做得恰当，就应随着谈话内容的变化而变化。当谈到不幸和灾难时，就会自然流露出同情、关心和安慰的表情。 当谈到思想和工作进步、有成绩的时候，就会自然流露出喜悦和欣慰的表情。

在人的面部表情中，最重要的是微笑。 微笑是美的，美是有感染力的。 微笑的美就在于它表现了许许多多难以言传的感情。 在商业和服务性行业中，人们很重视微笑服务。

微笑要笑得得体、笑得适度，要避免冷嘲热讽的讥笑或呆呆的傻笑。

有些人没有意识到微笑在说服中的作用，认为脸越阴沉、表情越严肃，其威信越高。 若发现对方身上没有让自己满意的地方就怒目而视。 这样，势必使说服对象产生对立情绪，其说服效果会适得其反。 相反，如果微笑着与说服对象相处，即使他有缺点，也用包容的态度去亲近他，去开导、帮助他，那效果就会好得多。 当然，微笑并不等于放弃原则那种逢场作戏的假笑，这是我们所不提倡的。 坚持原则，坚持正义，才是微笑的真正内涵。

在人的面部表情中，眼神也非常重要。 人内心的各种情感，都可以从眼神中体现出来。

一个优秀的说服者，通常是用眼神来准确反映其思想态度的。可以说，在某种情境下，一个眼神能胜过千言万语。

当然，眼神视线的方向，注视的频度等都要适度。 因为视线的方向能表明你对人的态度，注视的频度和目光接触的时间长短，能反映出你与对方的亲密程度。

亲密的人除外，一般连续注视对方的时间应控制在几秒钟以内，否则会引起对方的反感、不安。 但学生与老师或下级与上级谈话时，注视对方的时间可适当加长，因为这是一种信任和尊敬的表现。

说服应如何收场

一次说服进入收场阶段时，所面临的状况有以下两种：

一种是对方愉快地接受了说服者的说服，诚恳地按照说服者的意见去处理问题。

另一种是说服对象根本不想接受说服者的劝说，不管说服者怎么告诫，对方依然我行我素，固执己见，认准一条死理，死也不回头。

如果经过一番思想交锋，说服对象的思想堡垒已被击溃，其心中的锁也被打开了，此刻，说服者精神上就会感觉获得了一定的安慰，这是人之常情。然而，作为说服者，千万不要以为此时说服工作已经大功告成。

说服对象虽然接受了说服者所陈述的道理，但这并不等于掌握了处理问题的具体方法。方向明确了，路又该怎么走呢？还需要有人指点他，帮他一把。因而，说服者还有责任为他指点迷津，告诉他一些实际可行的解决方法。

如果对方根本不服从规劝，依然固执己见，出现久说不服，感而不化的局面，说服者也不必操之过急。一个人的不正确思想和不健康情绪的形成，可能是由多种因素长期作用导致的。

这时候，你就该冷静下来，并巧妙地结束这次谈话。所谓"巧妙地结束"，是为了防止进一步激化矛盾，避开情绪高峰期，等待相对成熟的时机，绝不是遇到矛盾绕道走。

在这种情况下，我们不妨跟他这样说："我知道，你暂时不能接受我的建议，这不要紧，你可以把我的话带回去，认真考虑一下，我相信，你早晚会明白过来的。""时间不早了，你也该休息了，有不同意见，我们改日再讨论。""也许你认为我对你的批评太苛刻，你一时难以接受。我建议你再找其他朋友谈谈，听听他们的看法，过两天我们可以再交流一下。"

除了以上两种情况之外，还经常会出现这样一种情况：对方虽然改变了与说服者针锋相对的态度，并对说服者所阐述的道理表示认同，但出于虚荣心，不想当面向人表示"屈服"，不想在说服者面前"妥协"。

遇到这种情况时，说服者要尽量满足对方的心理需要，不要强迫对方当场表态，应当多从正面鼓励他，对他初步的认错态度给予充分肯定，促使他确立起知错就改的道德意志，下决心弃旧图新。

第九章

幽默是非暴力沟通的润滑剂

以幽默语言渲染气氛

幽默的说话方式虽然能够使谈话气氛变得更融洽，但也要注意幽默用语的使用。那么，该怎样用幽默性语言烘托谈话气氛呢？下面有几条建议可供参考。

1. 使用夸张性语言

有时候，使用夸张性语言能够表现出幽默。

马季是一位著名相声演员，一次他到广西的柳州市，向壮族诗人黄勇刹提了一个问题："你们那儿的山歌，有没有什么可以改成相声啊？"黄勇刹给马季讲了一个故事：

从前，有一个财主非常风流，他为调戏一个美丽的村姑编了一首山歌，这首山歌是这样的："未曾老，今年已有九十三，阎王批我一百岁，还有七年同妹玩。"村姑马上回敬他一首："老发颤，七老八颠喊妹连，胡须生在马屁股，留给后生扯二弦。"村姑使用夸张的手法幽默地讽刺了财主。马季听了他讲的故事后，连声称赞道："风趣、幽默，而且还讽刺味十足。"

2. 抓住对方言谈中矛盾的地方

可以抓住对方言谈中矛盾的地方，从而再突出他的可笑之处。

《韩非子》中有一个故事：

从前，有一个卖矛和盾的商人，他在叫卖时，举起自己的盾对旁人说："我的盾是天下最坚固的东西，不论多么锋利的矛都穿不透它。"他又举起自己的矛对旁人说："我的矛是天下最锋利的东西，不论多么牢固的盾，都可以穿透。"

旁边人听后幽默地反问他："你说你的矛是最锋利的，而盾是最坚固的。如果用你的矛来戳你的盾，结果会如何呢？"商人听后尴尬得无话可说。

那个商人说话自相矛盾，所以不能自圆其说，而那个旁人也正是利用这一点制造了幽默。

3. 语言倒置

说话时语言倒置也可以表现幽默。 例如："你的命真好呀，有儿子孝顺你，而我是孝顺儿子。"这句话就是因语言倒置而具有强烈的幽默效果。

4. 使用比喻

有一个人问一位采购员采购工作好不好做，采购员是这样回答的："出门时要像兔子那样，办事时要像孙子那样，回来时要像乌龟那样。"

采购员把出门时要抓紧时间跑得快比喻成像兔子一样；把为了买到所需货物不惜请客送礼，求人办事点头哈腰，比喻成像孙子一样；把工作回来的时候，要托运货物，还要给老婆孩子买东西，比喻成像乌龟一样。 他用形象的比喻说明了采购工作是个吃苦受累的活，而且这样的语言还有幽默的意味。

5.偷换概念

故意弄错，偷换概念，也可使谈吐幽默、风趣。

鲁迅先生在一篇杂文中写道：

小张："小李，我可当你是一个非常可靠的人，所以那件关于革命的事情，都对你说了，没有瞒你。你却为什么向敌人告密了？"

小李："你怎么这么不讲理啊？我怎么变成了告密者了？我之所以说，是因为他们问我了呀！"

小张："难道就不能说不知道吗？"

小李："在谈话中，我从来没有说过谎，我不是那种靠不住的人！"

在这谈话中，小李就把"可靠的人"偷换成另一个概念，变成了"从来不说谎"，其中也包括不对敌人说谎，彰显了鲁迅的幽默。

6.不同场合使用同样的语言

同样的语言，在不同时代不同语言环境中，或者是用到不同时代的人身上，都会具有不同的幽默效果。 比如说，在一些戏剧小品里，经常会写古代人讲一些现代人的话，观众也因此而哄堂大笑。如果写现代的青年恋人到 KTV 唱歌，人们一定不会觉得可笑，但是搞一个新编《西厢记》，写张生对崔莺莺说："今晚我们到 KTV 去唱歌好吗？"观众就会忍不住笑起来。 这是因为现代人的语言环境与古人相差很远，如果把现代的话扯到古代去说，当然会使人有种滑稽可笑的感觉。

7. 使用一些行业术语

使用一些行业术语，也可使谈话或文章活泼、幽默。

著名作家秦牧在面对自己的成就和荣誉时，感叹道："世界上的人，四舍少些五入的多一些，我便是有幸得五入的人。""四舍五入"是数学中的一个术语，用在这句话里，不但含蓄地表达了秦牧的谦逊，并且还表现出他的幽默大度。

8. 简语繁说

简语繁说，虽然是一种"画蛇添足"的说法，但也可以使人发笑。 比如说，有些人说话非常幽默，当别人问他每月工资是多少时，他就简语繁说了，回答："8500 毛。"实际他的工资只有 850元，但他故意把"元"换成"毛"，这样一来就觉得数字变大了。

9. 使用歇后语

说话时恰当地使用歇后语，也是非常幽默的。 例如，人们在日常生活中常听到"你这个人真是和尚打伞——无法无天"，也有"下雨天出太阳——假情假意"。 第一句话中的"无法"和"无发"是一对谐音，而第二句中的"假情"与"假晴"是一对谐音，通过谐音引发幽默。 不过，说歇后语，一般不需要把后半截隐藏的含义说出来，只说出前半截就可以了，而这后半截的含义留给对方，让他细细地去品味其中真正的意思。

我们常说知识是无穷尽的。 同理，令人谈吐幽默的技巧和方法也是多种多样的。 在使用过程中最重要的是要注意场合、把握分寸。 不要刻意挖苦和嘲笑他人，不要以模仿他人的动作或讲话时的腔调来讽刺嘲笑他人。

日常生活中，适宜讲幽默笑话的场景有夏夜乘凉、车船途中、月下漫步、课余小憩、茶余饭后的闲聊等。 相反，在严肃庄重的会议或者是葬礼等一些正式的场合，都不适宜运用幽默性语言。

在婚礼的宴席上，为了幽默，可以将新郎新娘的恋爱逸闻，作为笑料来活跃现场的氛围，但千万不要以新郎新娘的相貌、年龄或隐私等敏感问题作为笑料来恶搞，那样会破坏喜庆轻松的气氛。 因此，幽默一定要注意场合，同时找准时机，相时而动。

如果你发现幽默能给大家带来快乐，或者可以活跃气氛，那么就要把幽默毫无保留地和盘托出。 但是，当你察觉周围的环境并不适合使用幽默语言时，就要立刻停止。 另外，在使用幽默语言时，还应特别注意幽默的对象，一定要弄清对方的身份、地位、阅历、文化素养和性格，不要理所当然地认为任何人都开得起玩笑。

一般情况下，熟人、同乡、同学、亲戚、老同事之间，可以说一些幽默风趣的话，以此来增进彼此的感情，鉴于两者之间关系不错，即使玩笑的尺度开得稍大，也不会伤害对方。

可是如果对方是上级、名人、长者、陌生人，尤其是性格忧郁或孤僻的人，最好不要调侃他们。 就算是说幽默话，也要保持一个度。

虽然幽默会有好处，但也有它的大忌，例如：不能装腔作势，说他人隐私，刻意刺激别人，牵强附会，含糊其词，内容粗俗无聊，说话不正经等。

幽默的语言不仅能使谈话气氛更加融洽，还能够改变个人形象。

用幽默解决争执

周末，小两口一起去逛商场，妻子发现丈夫总是偷看旁边一位卖服装的售货员，俏皮的妻子便在他身边悄悄地对他说道："老公，你和她说句话吧！"

丈夫不解地问："为什么？"

妻子说："不然她会以为你对她图谋不轨。"

妻子很聪明，并未直接和丈夫大吵大闹，而是巧用语言责备了丈夫，既风趣幽默又很有效果。

一位著名钢琴演奏家曾在美国的弗林特城举办一场演奏会。当发现场下有一半座位空着时，他感到非常失望。但他还是大步走向台前，和观众们亲切地打招呼。

他说："女士们、先生们，晚上好！我发现弗林特这个城市的人都很富有，我看到你们每个人都买了两三个人的座票。"

有一次，美国总统里根与妻子南希一同参加了在白宫举行的钢琴演奏会。当里根发表讲话时，南希一不小心从椅子上跌落下来，从台上滚到台下的地毯上。不过，她马上爬了起来，又返回到原来的座位上。

场下顿时一片寂静，继而爆发出一阵热烈的掌声。其实，观众中有人在为她出了洋相而鼓掌，有人在为她的利落而鼓掌。不管怎样，这个意外的事件无疑使讲话的里根陷入了尴尬境地。如果处理不好这件事，别有用心的记者肯定会大力渲染这件事，给他带来不利影响。

作为资深政治家，里根先看看南希有没有受伤，确定她安然无恙后便俏皮地说道："亲爱的，我告诉过你，只有在我演讲得不到热烈掌声的时候，你才该做这样的表演。"听到如此幽默的调侃大家都鼓起掌来。

很多人都熟悉主持人杨澜。1992 年，她在广州主持节目时，曾闹过一次笑话。报幕结束时，杨澜不小心摔倒在地。这时，在场的所有观众都为她捏了一把汗，不知她怎么收场。只见杨澜冷静地爬起来，对观众说："真是马有失蹄，人有失足啊。看来演出的台阶不是那么好下呢。不过台上的节目非常精彩，让我们一起再看看。"

杨澜的话音未落，场上就开始鼓起掌来。

用幽默拒绝他人

如何让他人痛快地接受自己的拒绝呢？ 不妨往拒绝中加些幽

默。用幽默的方式拒绝别人时，要注意以下几点要求：

1.用不切实际的方式拒绝别人

在日常生活中，我们总会遇到不切实际的事，遇到这种情况时，最好的办法就是提出比别人更不切实际的方式来拒绝别人。

罗西尼是意大利音乐家，出生于1792年2月29日，由于每四年才有一个闰年，所以，当他过第18个生日时，已有72岁了。他认为这种过生日的方式很好，可以为他省去很多麻烦。一次，朋友们筹集了两万法郎，为他过生日。在生日的前一天，朋友们对他说："我们准备花两万法郎为你修建一座纪念碑，把它作为你的生日礼物。"他听了以后说："浪费钱财！把这笔钱送给我，就让我自己站在那里吧！"

罗西尼没有直接拒绝，而是提出一个不切实际的想法，使大家在觉得可笑的同时，同意了他的观点。这说明，用幽默的方式拒绝别人果然能使人容易接受。

2.用胡搅蛮缠的方式拒绝别人

有些时候，用胡搅蛮缠的方式拒绝别人，更容易使人接受。值得注意的是，这里所说的胡搅蛮缠并不是蛮横不讲理的意思，而是一种幽默的方式。

有一个男人，被老婆管得很严，每逢周末都要在家里大扫除。一次周末，几个同学约他去打网球，在从前，只要他一听到"打网球"三个字精神头就上来了，可那是以前，如今他被老婆管着。于是，他对同学说："其实我是个网球迷。可成家以后，周末就被老婆没收了啊！"同学们听后哈哈大笑起来，也不再强迫他了。

3.用假设的方法拒绝别人

幽默有很多种方法，用假设的方法虚拟出一个可能的结果，从而产生一个幽默的后果，这只是其中的一种。但这种方法却成了拒绝别人的好方法。这样，不仅不会引起不快，反而会使人受到启发。

有位演员虽姿色迷人，演技出众，却学历不高。她非常崇拜萧伯纳的才华。由于出身高贵、长相迷人，再加上父母的宠爱，使她多少有一些高傲，认为自己能够配得上萧伯纳。一次宴会上，她和萧伯纳相见了，她充满自信地对萧伯纳说："以我的美貌，加上你的才华，生下的孩子，一定是最优秀的！"

萧伯纳听后，微微一笑，彬彬有礼地说："您说得对极了。但是如果这孩子继承了我的相貌和你的才华，那又如何呢？"

萧伯纳巧妙地用幽默语言表达拒绝，这位女演员先愣了一下，然后明白了萧伯纳的言外之意，沮丧地离开了。不过，她并没有嫉恨萧伯纳，反而觉得他非常绅士，是个可以结交的好朋友。从此，她成了萧伯纳的忠实读者，最终两个人成为要好的朋友。

用幽默的方式表达拒绝有很多好处，不但可以为他人留面子，还能使别人产生被尊重的感觉。这样一来，双方不但不会因拒绝而伤和气，反而会使两人的友谊更深厚。

化险为夷的幽默艺术

在与人交谈的时候，若能恰当地使用含蓄诙谐的语言，营造出一种轻松愉快的谈话氛围，说不定能助你在逆境之中化险为夷。

古时候，有一位姓邢的进士赶考回乡，这位邢进士虽身材矮小且其貌不扬，但是，他满腹文采又很有口才。这天，邢进士的船正行进在鄱阳湖中。突然，一个强盗强行上了船，不仅抢了他的钱财，还打算结果他的性命。

当强盗恶狠狠地举起刀时，邢进士不但没有吓得半死，反倒以风趣的口吻说："大家已经叫我邢矮子了，若是你再把我的头砍掉，岂不是更矮了吗？"听他这么一说，强盗一时忍俊不禁，居然放下了屠刀。

你看这位邢进士，面对凶恶的强盗，竟然巧用了一句诙谐幽默的语言，就保住了自己的性命。

再举一个例子：

苏联曾有一位深受广大电视观众喜爱的女播音员，名叫瓦莲金姆·列昂节耶娃。她之所以在观众中享有非常高的声誉，这与她随机应变的临场发挥和诙谐幽默的主持风格是完全分不开的。

有一次，她主持一个少儿节目，突然出现了一个这样的意外：她还没有开始主持节目，那只准备给观众看的鹅就叫了起来。

这可怎么办？

不料她若无其事地即兴说道："小朋友们，你们听见了吗？咱们今天请的客人已经等得不耐烦了，那么，节目就开始吧！"观众听了忍不住哈哈大笑起来。

你看，这本来是一件很尴尬的事情，她这么诙谐的一句话，竟使得这个节目更加幽默风趣，观众也更爱看了。

不知你有没有碰到过这样的事情，有时候，家里人或是亲戚朋友聚在一起时，他们竟会拿你的"短处"来作为笑料，弄得你恼不得气不得，脸面上觉得很无光。

其实，这不仅在生活中，在政治上也是同样的。

美国前总统里根就是一个极有幽默感的人，他曾经这样说："在生活中，幽默能促进人体健康；在政治上，幽默有利于自己的形象和得分。"里根总统说这番话的确不无道理，他自己就有许多以幽默化解尴尬的事例。

里根总统第一次访问加拿大的时候，有一天，他正在某地进行演说，可是，许多反美示威的人群不断高呼着反美口号，使得他的演说也要时时中断。

陪同他的加拿大总理皮埃尔·特鲁多见此情境，觉得示威的人群对这位美国总统太不尊重了，感到很难为情，因而眉头紧锁。可是，面对如此尴尬的场面，里根总统却仍然一脸轻松。

他满面笑容地说："这种事情在美国常有发生。我想这些人一定是特意从美国赶来贵国的，他们想让我有一种宾至如归的感觉。"

紧皱双眉的特鲁多听了这话疑虑顿消，也跟着开心地笑了起来。

看起来，遇到尴尬场面时，要先把"脸面"搁置一边，以泰然自若的风度、机智幽默的语言来摆脱。碰到这种情况时，你也不必感到尴尬，更没有必要恼羞成怒，使得原本良好的关系破裂。毕竟，我们不能够为了一句笑话而失去一个朋友。

有时候，除了运用诙谐幽默的语言和表情去淡化这种氛围，你别无选择。镇定地面对尴尬的局面，的确是上上策。

第十章

恋爱中更需要非暴力沟通

初恋时的交谈是一门艺术

如何掌握初恋这一"艺术"，使情窦初开的彼此相互了解，并将多彩的思想、复杂的情怀、微妙的心声，很好地用语言传达出来打动对方的心呢？

很多青年男女一见钟情。 一见钟情，是恋爱双方的直觉感官产生的，是由对方的形象、印象决定的，比如外貌、举止、言谈等。

当心底产生了爱的感觉时，就会情不自禁地表示："我好像被你深深地吸引住了""我或许爱上你了""你是我认识的女性中唯一抓住我的心的人"……

很多恋情源自于友谊，对他们而言，不能去谈他们的"第一次交谈"了。 只能说，从初识到普通朋友再到好朋友的过程中，随着时间、年龄、互相了解和感情的加深，逐渐发展为恋情，当第一次产生了爱情的萌芽、打开对方的心扉时，才可以称为"第一次"。

列宁是在伏尔加河畔与克鲁普斯卡娅相识的，并且是在"吃第四张春饼时"恋上她的。由于工作需要，列宁只好把爱情深深地藏在心底。当列宁与克鲁普斯卡娅被捕后，列宁还用化学药水写了一封信给她，初次向她表白了自己的爱意。之后，当列宁被流放到西伯利亚、难抑相思之时，才写了一封求婚信，直接说出："请你做我的妻子吧"。面对列宁热烈直白的求婚，克鲁普斯卡娅毅然决然地闯进寒冷的西伯利亚，二人相拥而泣。

马克思与燕妮是青梅竹马。马克思正值青年时代，有一天，他直言："我已经爱上了一个人，决定向她求婚……"这时的燕妮一直钟情于马克思，听到马克思这么说，有些慌了，愣了半天，问马克思："你能告诉我，你钟情的姑娘是谁吗？"马克思回答："可以呀。"边说边把一个小方盒递给了燕妮，还说道："在里面，打开它，你就会知道她是谁了。不过，只能等我离开以后……"等马克思走后，燕妮心里无比忐忑、五味杂陈，终于启开了盒盖，里面只有一面镜子，别无他物。燕妮恍然大悟，甜蜜地笑了，镜子里映出了她美丽的容颜，照出的正是被马克思钟情的燕妮本人。

在赴约相见的时候，无论男方还是女方，都要克制忐忑不安的心情，不要羞答答，更不要木讷寡言、吞吞吐吐。应该主动一些，可以先聊天气、聊周围环境，谈所见所闻，然后再言归正传，谈年龄、谈工作、谈性格、谈爱好、谈家庭状况、谈社会关系等。对于是非性的话题，可以谈清楚一些，有利于加深双方的了解，以免将来产生误会。对于珍藏在心灵深处的点滴，可以含蓄、委婉、曲折些——毕竟这是"第一次交谈"，要保留一点空间。值得注意的是，交谈的时候，内容须简明易懂，不然只会让对方一知半解，还可能让对方产生误解。

对于第一次交谈，没有固定的章法。因为人的性情、文化修养、性格、职业、兴趣、追求都不同，所以大家的表达方式、言谈内容都有所差别。但是，根据人的共同特点，可以大致列出一个

"大纲"：在理想上要谈得远大且实际，在感情上要丰富些，诚恳、稳重地表现情态，含蓄委婉地传达情爱，在学识上要表述得渊博……谈恋爱是一门高深的学问，需要我们细细琢磨。

如何与异性进行成功的交谈

青年男女如果想与异性聊得投机，就必须了解一些社交、口才等方面的知识。否则，与刚刚认识的异性交往，就容易表现出羞怯局促、紧张不安，不知如何是好。平素的伶牙俐齿、妙语连珠也不知跑到哪里去了。事实上，只要了解一些基本的原则，就能使我们在和异性交往时如鱼得水、谈得投机。

要想与异性愉快、友好地畅聊，建议你：

1. 不要随便承诺

俗话说："君子一诺千金。"如果你想做一个君子，就不要在异性面前轻易许诺。因为女性对异性的承诺常常会牢记在心，哪怕是琐碎的小事。如果你忘了，或是难以兑现，你在她心目中的形象就会大打折扣。

2. 说话不要模棱两可

如今，人们的观念越来越开放且新潮了，但对于男女之防，最好还是不要掉以轻心。因此，在与异性聊天时，要尽可能把话说得清楚明白，杜绝模棱两可的话，以免引起对方的误会，伤害彼此的感情。

3. 掌握好说话的尺度

"人非圣贤，孰能无过？"既然犯错误在所难免，为了表示友好，你最好不要轻易责备对方，更何况对方还是异性呢？ 万一不可避免地谈及对方的错误，必须注意分寸。 含蓄委婉地指出对方的问题有利于表现出你良好的涵养。

4. 巧"卖关子"增添趣味

有时，故意卖些"关子"有利于活跃气氛，增添谈话趣味。 例如，说某事的时候，在中途突然打住，留下悬念，再从别的地方绕过来。 倘若悬念设置得巧妙，就会妙趣横生、引人入胜，让谈话的双方都觉得是一种享受。

5. 改换角度

当谈及一件事时，你应当尽量多方面、多角度表达你的见解。这样一来，对方就会觉得你的分析综合能力较强，进而对你产生信赖。

6. 移植角色

叙述一件事时，你应尽可能尝试多种不同的角色。 一会儿扮演这个角色，一会儿扮演那个角色，倘若你的模仿能力恰好不错，这样的叙述，对方肯定会耐心倾听的。

7. 适时提问

倘若对方性格内敛、不善言谈，为了能让对方多参与谈话，你可以在恰当的时候提些问题，提的问题最好能吸引对方的兴趣，并引出其他话题。 比如，如果你问对方："你看过《蓝色生死恋》这部片子没有？"对方回答说："看了。"也就结束了。 然而，倘若你问："你觉得《蓝色生死恋》这部片子怎么样？"对方一定会侃侃而谈。

8. 引经据典，讲故事或笑话

为了使谈话内容更加丰富多彩，你可以适时地插入一些故事或笑话，或者引经据典、出口成章，既能使谈话愉快地进行下去，又能使对方觉得自己博学多识。

掌握拒绝技巧

对亲密恋人说"不"，有可能会造成不好的结果。 没有技巧的否定犹如毒药，会让你们的关系"结冰"。 但恋人的意见未必都正确，恋人的建议也未必都万无一失，恋人的要求也不可能都满足。那么，拒绝的技巧有哪些呢？

1. 寓否定于模糊语言

在恋爱中，如果能适当运用模糊的语言，往往能收到很好的效果。 女朋友穿了一条裙子，自己认为很漂亮，在你面前得意地转了一圈后问你："美吗？"你实在觉得那条裙子并不适合她，于是，你含糊其词地回答："还好！"只要对方是稍有灵气的女孩，就能领会这句话的真实含义。

2. 寓否定于肯定

你的女友不断地暗示你给她买件不错的衣服："瞧，人家穿的衣服多漂亮，是男友送的。"但你觉得本季节她的衣服已经很多了，拒绝吧，又怕女友怪你小气。 怎么拒绝才好呢？ 此时，你可以委婉地拒绝："是比较漂亮，不过，我喜欢苏格拉底的一句话，美德是女性的纯正饰物，不是服装。"话的表面并未拒绝，如果对方理解了话语背后的意思，就不必再作更多暗示了，问题在不了了之中解决，谁也不会感到难为情。

3. 寓否定于感叹

生日时，他特意挑选了一套衣服作为礼物送给你，但你却并不喜欢。 因为你觉得颜色太艳了，而你平时喜欢颜色素雅的衣服。他问："喜欢吗？"如果你直截了当地回答不喜欢，煞费苦心的他此时一定会觉得很难过。 不过，你可以这么说："要是颜色再淡雅一点就更好了，我比较喜欢浅色的！"这样婉转的说话易于让人接受，并且提示了对方你喜欢的是什么颜色。

4. 寓否定于商量口气

恋人希望你陪她参加朋友的一次聚会，可不巧你不便前往。 于是，你用商量的口气说："现在实在没时间，以后行吗？"

5. 寓否定于玩笑

开玩笑不失为一种很好的否定方式，既可以达到目的，又可以避开拒绝的无情。 譬如，你男朋友邀请你去他家，但你认为此时尚早，不愿盲目登门，这时，你可以问："有什么好吃的吗？"你男朋友说出几种东西来，于是，你接着说："没好吃的，我不去。"这是巧妙的玩笑，男朋友会识趣地知难而退，但又不觉得难堪。

有技巧地表达爱意

爱情对生活是必不可少的，那么恋人之间该如何表达爱意呢？当然需要用语言来交流，古人说的"谈情"便是这层意思。但是，交流感情的语言有含蓄和狂热之分，恋人之间表达爱意最好含蓄一点。

陈毅与张茜是一对坚定的革命情侣。在革命战争年代，陈毅对张茜产生了一种超常的感情。为了表达自己的真挚情感，陈毅写了一首《赞春兰》送给了张茜（张茜的乳名叫"春兰"）。诗中这样写道："小箭含昭初出岗，似是欲绽蕊露黄。娇颜高雅世难觅，万紫千红妒幽香。"张茜从这首诗中领悟了陈毅的深情，从此，二人坠入爱河。

以物传情法，就是除了用语言表达爱情外，同时借用物品表明自己的情意。

美国著名影片《魂断蓝桥》的女主人公将自己心爱的象牙雕"吉祥符"送给男主人公，他们的对话是这样的：

女（从车窗伸出手，手中拿着"吉祥符"）：这个给你！

男：这是你的吉祥符啊！

女：也许会给你带来运气，会的！

男：我已一无所有，你比我更需要它。

女：你拿着吧，我现在不再依赖它了！

男（接过"吉祥符"）：你真的太好啦！

电影的男女主人公一见钟情，虽没有直白地说"我爱你"，但从赠送"吉祥符"的对话中可以看出，双方都已对彼此满含爱慕之情。

马克思与燕妮热恋时，曾写了一首名叫《和谐》的诗：

你知否，

有这样一种魔力，

它能使两个人心心相印，

能使他们两人共同呼吸，

能使这对人儿匹配成亲？

他们在红玫瑰中焕发异彩，

他们藏在柔软的青苔如被单裹身。

这里所说的"魔力"，就是爱的表达方式。它在于两颗心之间的和谐，于无形中给人以强烈震撼。

掌握恋爱中的试探方法

1. 无意识接近

寻找理由，接触对方的身体。例如，荡秋千时说："来，我帮你推。"手自然就落到她的肩上；或是当有车从后边驶来时，对她说

"有车过来了"，于是，轻轻地搂着她的肩膀将她拉到自己身边；或者来到餐厅门口时，轻拍她的肩膀，说："这家可以吗？"她若同意，轻轻抚着她的肩膀一同走进去。 如果忽然刮起风或下起雨，马上脱下大衣披在她身上，然后轻搂对方的肩膀。 也可以在介绍建筑物或名胜古迹的时候，从背后把左手搭在她的肩膀上，用右手指着建筑物或古迹说："喏，就是那一幢。"她从草地上刚站起来时，你说："哎呀，这里有点脏了。"顺手给她拍拍。

2. 有意识忘乎所以

可以抓住合适的时机捏捏她的鼻子或其他易接触的部位，让她觉得你和她是很亲密的。 比如，可以摸摸她的头，或用手指拢拢她的头发，或用手指缠绕她的头发。

如果她神态娇羞没有表示反对，那么，你就可以试探进一步接触。 抚摸她的手时，顺势抚摸她的手指根部，她会产生意外的快感；轻轻捏捏她的鼻子，会使她心花怒放；用手点点她的额头，说"你这顽皮的小猴子"，会让她笑起来。

3. 眉目传情

当你把喜欢的心情注入目光后，可以试着用目光来表达更多的感情。 首先，试着表现"担心"。 当他（她）迟到、稍微受伤或被上司批评的时候，用一种"你还好吧"的眼光看着对方；当他（她）和异性显得亲密时，试着以"哼，有必要那么亲近吗？"并用稍带嫉妒的眼光看他（她）。 他（她）很快会捕捉到你所反射的信息的意思，并做出相应的反应。

4. 制造良好的环境

经验丰富的人常常会制造有利于身体接触的环境。 因为身体接触需要合适的气氛与环境，再加上双方亲密的谈话。要用自然的话题展开交谈，最好能配合手势和神态，这样才会激起双方心灵上的共鸣。营造环境与气氛时，应当注意以下几点：

（1）处于暗处。这可以使双方的羞耻心减少，让感情更开放。

（2）处于窄处。这可以使双方身体自然地接触，从而使彼此产生吸引力。

（3）熙熙攘攘的人群。使你俩自然靠近，环境促使情绪开始兴奋，身体的接触也会变得情不自禁，而且会让人觉得另有一番情趣。

（4）幽静的林荫小道。浓柳岸边这样的环境更容易激起心中的缕缕情丝，因而这里也是交谈的好场所。

（5）使双方都陶醉的声音。断断续续而又低沉的悄悄话、雨声等。

5. 利用默契

有的时候，某对男女通过接触身体某些部位已经产生了爱意，虽然没有语言的表白，但双方所交流的爱意却已经心知肚明了。所以，如果很难用语言戳穿爱意，那么，不妨试一试用身体接触表达对她（他）的爱慕之情。例如：

（1）过马路的时候，他（她）要闯红灯，你可以说："小心，注意红灯！"然后，紧紧抓住她（他）的手。

（2）上下船或走过弯曲的路的时候，你可以自然地伸出手，对她说："来，这儿危险，抓住我的手。"

（3）拥挤的时候，对她说："抓住我的手，否则，我们会走散的。"她若忸忸怩怩，你就一下子抓住她的手。倘若她是喜欢你的，就只会作势地挣扎几下，随后便会顺从；如果她确实不喜欢你，会很严肃地摆脱你。这时，你不要勉强，这是对她的尊重，并不是你懦弱的表现。

（4）当她想站起来的时候，自然地对她说："来，我拉你起来。"

（5）可以跟他比比手掌的大小："来，看你的手比我大多少。哇，竟然大这么多！"

（6）可以试试你的腕力，能否抵挡得住她用手拉拉你的手指。

（7）可以试试看手相，这是很俗气的方法，但却屡试不爽。 如果你能讲五六分钟，就可使她充满兴趣。

甜言蜜语，效果显著

有人曾这样说过："沐浴在爱河中的人的字典里，没有老套的字眼。"任何海誓山盟，"爱你爱到入骨"之类的话绝对应该去说，不必怕肉麻，除非你并不爱对方。

与他久别重逢的时候你可以这样说：

"我是不是在做梦，多么希望永远不要醒。"

你以充满爱意的眼神凝视着他说：

"我真的想你！ 别的事我都不去想……我感觉好像从来没跟你分开过。"

这就是我们通常所说的"无法忘怀，时常忆起"的心境，只要有过恋爱经验的男女，一定有这样的体验。 除了他（她）以外，任何事都不放在眼中，总是思念着他（她）。 在相爱的初级阶段，热烈的甜言蜜语绝对不会使人感到厌烦，也许还有人认为不够呢！

你可以用这样的语气追问："说说看，你喜欢我到什么程度？"

你甚至可以单刀直入地这样对他撒娇：

"我要你发誓，永远爱我！ 只爱我一个。

"世界只为我们而存在，世界因为我们才有意义，对不对？

"你爱我，我可以放弃我拥有的一切！ 你也是这样吗？ 因为爱就是一切。

"你会背叛我吗？ 如果你抛弃我，我只能去死！"

像这样一而再、再而三地向男性表示"永远不变的爱情"，女性便会沉迷在自我构筑的虚拟世界之中。 而男性的反应也会是非常积极的。 可如果他能够很畅快地说："我可以发誓，我永远爱你一个人直到永远。 纵使山崩地裂，爱情也永不变！"那么他可能并不重视你，因为他对所有女性都会这么说。

当然，在爱情上，"我爱你"这样的言辞用得过多，就会产生庸俗之感，如果换为"我需要你"，就更显得有实际的感觉。

"爱"与"需要"给人的感受，对男性而言，似乎后者胜于前者。

恰当地使用甜言蜜语，可以逐渐升高两人之间的爱情温度。 然而，这些话只能轻轻说，用两个人听得到的声音互相呼应，如果当着许多朋友的面随意说出，周围的人不仅会感觉很失望，还会觉得肉麻，进而产生排斥感。

成功邀约的四大妙招

在恋爱中，为了给"谈"创造机会，人们往往喜欢以约会来发展感情，尤其对于刚刚相识的男女来说，约会可以增进彼此了解，增进感情。可是，如果你满心欢喜，向心目中最美好的恋人发出了约会的邀请，而他（她）却偏偏拒绝你的时候，你是否会觉得是一种遗憾，而受到打击呢？遇到这种情况，不妨借用以下妙招：

1. 坚持到底，盛情相邀

拒绝的理由数不胜数，女孩子在拒绝男孩子的邀约时也会采取这一招。对于不喜欢的人或者是对男孩子的爱慕之情把握不住深浅时，会以"我很忙"来拒绝或搪塞。如果你相信她确实很忙，而放弃了对她的邀请，那就大错特错了。

小强想约女朋友吃饭："明天晚上，我请你到'××海鲜城'去吃海鲜，怎么样？"而女朋友却拒绝了："不好意思，这个礼拜我每天都要加班，没有时间。"小强没有因此而放弃，因为他知道，如果他说"真是太遗憾了，以后再说"，那么，他的女友肯定会对他的态度非常失望。通常，女生会以对方的言谈来判断他是否会持之以恒，坚持到底。因此，小强是这样说的："就算是你很忙，也稍微挤一挤时间，吃完饭我再陪你加班好吗？我好想你。"女朋友听了嗔怪道："真讨厌，非要打扰我工作不可呀？"话虽然这样说，却还是答应了。

2. 巧用计策，睿智相邀

关系确定前，想要约会成功可以说是非常难的一件事。这个时候，既要想个合情合理的理由，又不能太过直白。所以，最好能运用自己的一点小聪明，想办法约会。

玲很聪明，对同在一家公司的林颇有好感，一直都希望能与对方有所发展。玲觉得一定要找个机会和林谈谈不可，于是想出一个办法来。玲递给林一个本子："有个问题想请教你。"林接过本子一看，原来是这样一个问题："今晚八点请到人民公园门口见面好吗？请选择：A. 可以；B. 对不起，今晚我没有时间。"男生一看，灵机一动，欲擒故纵地对她说："这个问题很复杂，等下班再说吧！"玲好不容易盼到下班，看到林在本子上选择了 A，玲笑了。

聪明的玲运用独特的邀约方式和语言，在发出约会邀请的同时，又巧妙地回避了以口头语言约会时容易出现的紧张、羞涩和尴尬。

3. 自然大方，坦诚相邀

人们喜欢当面口头邀请，因为这样可以马上得到一个准确的答复。当面口头邀请不是指"今天我们约会吧"，因为这样的话、这样的邀约方式无论在什么情况下都会显得很唐突，很不尊重对方。因此，要想使邀约成功，要有理由。例如，"久仰你英语特棒，尤其口语非常棒。我最近也很想学英语，却不知道从哪里入手是捷径。下班后可不可以请你吃饭，顺便请教一二？""听说新开了一家精品屋，里面的商品精致极了，一定有你欣赏的，一起去看看好吗？"

这样的理由，一方面使对方难以拒绝；另一方面是从对方的需求出发进行邀请，也就是你的邀请正是对方的兴趣所在，是他想去做的。同时，你无论用哪种理由，都要表现出胆大、有勇气、信心十足的样子，一定要自然地发出邀请。

"我……我……有句话要对你讲……能不能单独谈谈？"

"我想请你和我约会，你一定会认为我很冒失，可是我……"

"明天是周末，反正你也没有事情，不如和我一起出去玩玩吧？"

这样的邀约语言，不是结结巴巴，就是拖泥带水，或者自以为是，很难使约会成功。

4.无须气馁，机灵相邀

如果遭到拒绝，显然是一件让人很难过的事情。但并不是每个拒绝都代表你从此不再有机会，因为有时候，你能断定他并不是讨厌你，在这样的情况下，你当然是有机会的。

风和兰已经做同事三年。兰的学识才华、美丽以及温柔贤惠令风心仪已久。经过激烈的思想斗争，风想追求兰，把自己的一片爱慕之情向她倾诉。

一天下班后风见四下无人，悄声对兰说："晚上我想请你到水上公园划船，有兴趣吗？"虽然兰对风在工作上表现出来的优秀才能很欣赏，但仅仅是欣赏，远没有风对她的个人感情那样热烈，只好推辞说："不好意思，我要写稿子。谢谢你的好意！""没关系的。要不明天我来帮你抄写文稿吧，这样不就把我耽误你的时间夺回来了吗？"风借着兰的话题，又发出一次邀请。"这怎么好意思呢！那我先谢谢你啦！"兰使用这种"模糊拒绝"手法说明她很机灵。但风更机灵，他从兰"模糊拒绝"的推辞中发现兰并不讨厌与他交往，表明彼此的印象还不错，有进一步发展下去的基础，于是抓住留给自己的缝隙穷追不舍，最后抱得美人归。

邀约比较麻烦，但只要诚心、诚意相邀，定会为你的爱情之路打开一道宽敞的大门。

指出恋人缺点有技巧

俗话说，"情人眼里出西施"。恋爱中的人，在对方的眼里都是完美的。可是，人毕竟不是完美的，有些恋人明知道对方的某种缺点难以为自己所接受，又怕说出来伤了感情，于是就装出一副菩萨心肠，一忍再忍。其实，这和父母溺爱孩子一样，后果很严重。那么，如何指出对方的缺点，既能达到预期效果，又不会伤感情呢？根据心理学家的研究分析，可以参考以下几种方法：

1. 巧用类比，不露声色

陈刚与李云相恋三年。两人由最初爱得如醉如痴，到现在的不温不火，也许是恋爱谈久了，缺点就开始显出来。尤其是李云，经常要大小姐脾气，喜欢支使人，喜欢对一些小事追根问底，陈刚很不喜欢。一天，陈刚的老战友回家探亲，约好大家一起吃饭聚一下。席间，老战友对陈刚打趣地说："你俩什么时候成家？"陈刚正愁不知怎么回答妥当，李云抢过话头："这可看他了！"陈刚趁此机会，打算点醒女朋友，于是突然灵机一动，说："不瞒你说，以后，我就将要像你一样过一种严格的纪律生活了，我要按指示行事，随时向她汇报我的任何情况。""哎，你这是怎么啦？像要去参军似的？"李云不解地问。"是要结婚了！"

修养极好的陈刚深知李云为人自尊心极强，若直接点出她的不是来，很容易将两人苦心培养起来的感情葬送掉。他没有批评她，而是借用军队生活与结婚后的生活相类比，在这种反差较大的语言交流中，指出了女友的问题。

2. 诱其上套，规中带劝
用言外之意反映问题。这样既暗示了对方的缺点，又不会影响到彼此的感情。一句话即可使其改变缺点。

颖是一名老师，与在软件公司做工程师的男朋友已经交往四年之久，两人的感情不仅深厚，而且非常稳定，打算国庆节举行婚礼。某天逛街时，走在熙熙攘攘的马路上，两人有说有笑。突然迎面一个人匆忙中不小心将颖提的纸袋撞掉到地上，颖的男朋友当即怒发冲冠，将那个行人推倒在地："你没长眼睛呀？"行人立刻围观，其中还有颖的同事。男朋友的粗鲁无礼使颖羞得满脸通红，觉得很丢脸，但面对越来越窘迫的场面，她已无法脱身。她想了想说："喂，你近来好像有点上火了。"男朋友突然一愣，说："是吗？你怎么知道？""要不然怎么会跑到这里来发火呢？"经颖这么一调侃，其男朋友不由得火气渐消，人群也散了。

3. 一语双关，委婉含蓄
在一定的语言环境中，利用语句的同义、谐音关系或能容纳同一内涵的概念，有意识地使其表面上看是一个意思，而暗中隐藏着另一个意思，简而言之就是"话中有话"。这个方法会使你的批评表现得含蓄委婉、生动活泼、风趣诙谐，给恋人以意外之感，促使恋人自觉发现自己的缺点并加以改正。

　　小倩的男朋友阿强是家里的独子，父母的溺爱使他养成了贪吃偷食的坏习惯。起初，小倩不以为意，以为这是一种正常的"青春饥饿症"的反应。可是，经过仔细观察方才发现自己的判断错了，阿强不但在自己家里爱偷吃食物，而且在与她外出应酬时，也时常趁人不注意偷偷跑到厨房偷吃几口过把瘾。显然，对于这种很小气又很猥琐的行为，小倩既为男朋友难过，又不便开口直接批评。端午节这天，小倩奉父母之命请阿强过去做客，当她的几个弟妹陪他打牌到正午时分时，阿强提出上洗手间，机灵的小倩不动声色地尾随其后。果然，阿强的坏毛病又犯了：他跑到厨房与小倩的母亲套近乎，声称饿了，抓了一块鸡肉就往嘴里塞。等阿强回到牌桌上后，小倩提出让他参观参观弟弟新买回的家具。"哎呀，这套家具好漂亮噢，好像还是正流行的红木组合哩。"阿强惊叹起来。"漂亮倒不假，只可惜呀，有几件被蛀虫蛀坏了！"小倩显得很惋惜地说。阿强听了急忙问她："虫子在哪里，我来帮你们处理。"这时，小倩爽朗得意地笑着说道："它在里面吃，外面的人怎么知道呀。"真是"做贼心虚"，阿强本能地摸了一下嘴巴，神情好不自然地附和着她的笑声，也大笑起来。

　　小倩一语双关，表面上是说蛀虫躲在木材里面偷蚀家具，让人生气讨厌，实际上是批评阿强喜欢偷吃食物的坏毛病。小倩的批评相当含蓄委婉，没有明显的攻击性，其中的爱恋和善意是显而易见的，他怎能不在深刻反省之后痛改前"非"呢！

哄女友开心的乖巧话

大家都知道恋爱是美好的，但激情过后，最终留下的还是平淡的温情。 当两个人走过短暂的热恋阶段，面临的将是由爱情到婚姻的漫漫长路。 相处过程中因为双方性格的不同，对一些问题所持观点的差异，一方言行失当或对对方言语理解上产生偏差等因素，都很容易使彼此之间出现一些感情上的摩擦。 那么，为爱奔波的男士们，这时就需要你们挺身而出了。 如何让一脸愁容、满怀悲伤的心上人转怒为喜，享受花儿一般的幸福呢？ 该奉送上什么样的乖巧话来哄女友开心呢？ 秘诀如下：

1. 真情实意体现关爱

一天晚上，英与亮这对恋人因为一件小事而吵了起来。分手时，亮要送英回家，可她却执意不用，一个人气呼呼地转身就走。亮回去后，虽然对英的"不知好歹"的举动余怒未清，可是两个人毕竟交往一年多，感情基础很深厚，总不能因为一点小事就分手，何况他对英怎么也放心不下。十点多钟，英刚到家，电话铃就响了。她拿起电话，听筒里传来亮的声音："英，到家了？"英一听是亮的声音，就要挂掉电话，又听亮说："英，我回来后对你一直放心不下，估计你快到家了，打了好几个电话。你平安回来我就放心了。"听了亮的一番话，英只感觉心头一热，再也气不起来了，原本"三天不理他"的想法此时已经烟消云散。

亮不失时机的一番关爱之词，向恋人传达了自己的关心与牵挂。话虽短，意却浓；话虽简，情却真。令对方不由得怦然心动，怒气全消。

2. 有话说清楚

小海与女朋友丽丽已经相恋两年多了，一次两个人在公园散步的时候，无意中谈起了恋爱过程中双方花钱的问题。小海说："丽丽，自从咱们交往以来，我好像没怎么花过钱，而你却花了不少。"丽丽听到这话，就把脸扭到一边，嘴也噘起老高，语带哭腔地说："我真行，找了个倒贴的对象。"小海一看这情形，立刻意识到丽丽误解了自己的意思，于是马上解释说："丽丽，你别生气，我真的没有别的意思。我之所以这样说，是因为我感觉不好意思，更何况我这样说也是有根据的。不是吗？我没请你吃过几次饭，也没给你买什么礼物，可你却为我买了不少的书，我给你钱，你又不要。我总觉得……"还没等小海说完，丽丽就破涕为笑了，她说："噢，原来你是这个意思！你刚才那样说，我还以为你轻视我呢！"

恋爱中的女人总是很敏感的，她们经常因为男友一句随便的话或者一个不经意的眼神而浮想联翩，把自己弄得不高兴。面对恋人因敏感而产生的误会，小海及时把之前说的话解释清楚，给对方一个有理有据的"说法"，从而使对方消除了误会。

3. 重承诺，真情告白

　　周末小余带着刚认识没多久的女朋友逛街。两人边走边聊，这时看见一对夫妇从他们身边走过。妻子坐在轮椅上，丈夫先是买了冰激凌给妻子，然后就推着妻子向附近的商场走去。看到这一幕恩爱场景，小余的女朋友望着他，说："如果我有一天也失去了双腿，你会像刚才的那个男人那样，对我那么好吗？""我，我……"他俩刚认识不久，小余实在不知道如何回答。女朋友有点生气了，她轻蔑地看了小余一眼，扭头就往前走。小余跟她说话，她也不搭理。小余说想带她去海边游泳，她赌气地说："不游，有什么好游的！"聪明的小余明白她还在为他刚才的回答生气，于是，小余说："你是不是怪我有点自私，不愿为你付出？那你就错了。因为我们相处的时间还有点短，我轻易许诺，你会认为我是一个不可靠的人。爱情的果实到底甜不甜，时间长了，你也就品味出来了。"小余的一番推心置腹、坦率诚恳的话语把女朋友给深深地打动了，此时再看她脸上，阴云早已没有了踪影，二人的感情也由此得到升华。

　　爱听漂亮话一向都是恋爱中女孩子的永恒喜好，因此她们也经常因为男友的言行不符合自己的心意而赌气、掉眼泪，使原本和谐、热烈的恋爱场面顿时出现僵局。 小余对恋人生气使性时的一番坦率真诚的表白，使恋人意识到他的诚心可鉴、真意可察，从而认为小余是个值得信赖的人，值得自己爱的男人。

　　通过上述例证不难看出，如果想结束爱情长跑，完成人生大事，共建甜蜜小窝，男士们一定得巧妙运用你的"恋爱口才"。 当你的一番乖巧话博得了女友的开心时，你的幸福也就离你更近了。

第十一章

非暴力沟通有助于和长辈沟通

怎样使婆婆喜欢你

张华和李红两人的单位离家太远,只有周末才回张华家。张华是独生子,母亲特别宠爱他,时常挂念儿子。但是,老观念使母亲认为家务事是女人的活儿,女人就应该把男人的日常生活打理好。

这天周末,婆婆当着儿媳妇的面对儿子说:"你怎么又瘦了,是不是在家什么事都让你做,吃得又不好?"儿子一言不发。

婆婆的意思显而易见,是责怪儿媳妇没有照顾好儿子。

李红赶忙说:"妈,是我不好,这段时间单位加班,太忙了,没有照顾好他。都是我的不好,您放心吧,从明天起,我给他增加营养,一定让他胖起来。"

第二个周末,李红亲切地拉着婆婆的手说:"妈,这个星期我给他做了五顿肉,鸡蛋、牛奶是每天早晨必不可少的。可他好像还是原来那个样子啊,您看怎么办呀?"

一听这话,婆婆赶紧拉起儿媳的手说:"他就是这副德行,吃再好的东西也没有用,可能是遗传原因吧!瘦得像只猴子,你看,他爸不也这样。"大家都笑了。

李红没有和婆婆吵,而是对婆婆说了一大堆甜言蜜语,让婆婆没有理由不高兴。 这样一来，婆媳根本就不会产生矛盾。

婆媳关系很微妙，儿媳妇在处理婆媳关系中的作用至关重要。毕竟，婆婆是长辈。 所以，作为儿媳，要对其真诚、尊敬，还要适当地加点"甜言蜜语"，使全家高兴。

1.以诚相待

子女应当孝敬父母。 对待父母如此，对待公婆也是同样的道理。

儿媳要对婆婆好些，不仅要在言语上关心婆婆，还要付诸实际行动。

如果是儿媳当家，就更不能把婆婆当成多余的人，在言语中不能有丝毫怠慢和不恭。 否则，不仅对方不能接受，矛盾也会日益激化，甚至还会大打出手。

假如婆婆的身体不适，那么，儿媳在平时说话时应该表示关心，并给予照顾，千万不要说出嫌弃的话。 只要儿媳对婆婆好一些，婆婆就会十分感激，矛盾也就不复存在了。

2.甜言蜜语促进团结

儿媳有可能与婆婆无话可说，两人之间总有些不自然。 要想改变这种状况，你就要学会主动热情，多说好话。

首先，"妈"字不能太吝啬。 儿媳要多喊"妈"。 有些儿媳惜字如金，"妈"字从不轻易出口。 也有一些儿媳，学着孩子的口气，称婆婆为"孩子他奶"。 一些与婆婆分开住的儿媳妇，大部分只是在走进婆家门时叫一声"妈"，出门辞别时说一声"妈，我走了"。 如果能把拉家常和称呼连接在一起，结果就大不相同了。你可以这样说："妈，这几天天气变得挺冷的，您穿得太少了，别着凉了啊。" "妈，您眼光真不错。"

其次，沟通不可少。老人易孤独。整天把自己禁锢在一个狭小的范围内，他们很想知道外面的新鲜事。聪明的儿媳会借此机会与婆婆沟通，掌握婆婆心理，以便更好地与婆婆相处。

语言能打开心灵。只要掌握了婆媳相处的技巧，让理解、忍让走进彼此的心扉，营造和谐的家庭氛围，令人伤神的婆媳关系就会因此而改变，从而使生活变得更加和谐。

如何赢得岳父母的信赖

与岳父母相处也是有讲究的，下面有四种方法，可供参考：

1. 体贴的话要多说

张立工作很忙，没有时间照顾家，为此，岳母常常训斥他。不久后，岳母患了半身不遂，行动不便，她哭闹着说："这辈子我没做什么坏事，为什么这么命苦，让我得这不能动的病啊，还不如死了算了！"张立每次回家，都细心照看岳母，还耐心地劝她安心养病："妈，您别胡思乱想。人这一辈子哪能一帆风顺呀，生病是难免的啊！病来了，咱就看，你这么要强，怎么能对这点小病屈服呢？现在，医学发达了，您这病一定能好。"他的话像一剂良药，说得岳母的精神一下子好多了，病情也稳定了。她逢人就说："我的女婿可孝顺了，每天那么忙，还抽时间喂我吃药，给我顺心丸吃，真得感谢他。"

2. 顺心话要多说

王强和妻子闹了小矛盾，王强说不过妻子，就说："行行行，我说不过你，你跟你妈一样，理总在你那边。"这句话说了不要紧，可岳母刚好听见了，老太太火冒三丈，大声斥问王强："你什么意思啊，我不干涉你们，可你却说我们娘俩都是'常有理'，你倒说说，我怎么'常有理'了?"王强一听，觉得事情不妙，连忙解释："妈，您误会了，我说理总在您这边可不是坏话，我这是赞扬她像你呢！每回都是我错，您的女儿无论做什么事都有她的道理，这还不都是跟您老人家学的啊。我没别的意思。"说着，他又悄悄地对老人说："老实说，这句话还是跟我老爸学的呢。我俩特像，在媳妇面前总是'常没理'。"这样一来，老太太的怒气自然就消了，她指着女婿说："你呀你，能把活人说死、死人说活。"矛盾就此化解。

3. 关键话要适时说

霍老太太有个独女，老伴去世后，由于身体不好，她就住到了女儿家。开始还相安无事，后来，女儿下岗找不到工作，全家只靠女婿一个人工作。孩子上学要钱，老人看病要钱。女儿为此闷闷不乐，常在家发脾气。老太太委屈地说："是我拖累了你们，我要是有个儿子该多好！"女儿着急地说："妈，您别总说那些没用的话。"女婿连忙劝说："妈，以前是一个女婿半个儿，如今可是一个女婿一个儿了。以后，独生子女越来越多，女婿和儿子不就一样了嘛！您啊，就不要把我当外人了。从我跟您女儿结婚那天起，您就是我妈，难不成现在您老嫌弃我了？"老太太老泪纵横，拿出养老钱对女婿说："我这是做了几辈子的好事才修来你这么好的人啊，这些钱本是我养老的，现在用不着了，什么都比不上有个好女婿。"

4.把握心理说话

王明夫妇住在岳父家。为了讨得二老欢心，他总是主动干家务活儿，但岳母大人的脸还是阴沉着。后来，他无意间发现，岳母对外边发生的新鲜事很感兴趣，很乐意说这些话题。于是，他每天回到家里都抽出一定的时间给岳母讲外面发生的新鲜事。从此，岳母大人见他回来总是笑脸相迎，他刚进门就和岳母聊天。岳母逢人就说："我们家有个好女婿，我知道很多天下大事。"王明就是在与岳母沟通后，了解到了岳母的心理，才消除了矛盾。

多说好话可以使岳父母开心，实际行动可以帮他们排忧解难，让他们在疼爱自己女儿的同时想起你，也会喜欢你。

如何应对父母的争吵

世间最美满的家庭也难免有矛盾，父母吵架时怎么办？最重要的是，你要当好中间人。在每一个家庭中，关系最亲密的都是父母与子女，子女是父母爱情的结晶，是父母关心的中心。在父母面前，子女始终处于被爱护、被关心的地位。

有一位教育家这样说："我小的时候，邻居家的夫妻之间经常吵吵闹闹，而他们吵架的时候，两个孩子通常只是在一边傻傻地看着，或者流泪。小事总是因吵架而变为大事，大事就更不得了，直到有人解围才能结束。"通常，夫妻吵架有时会陷入双方谁也不服谁的僵局，外人劝解始终不如内部消化好。这个时候，如果孩子能很好地劝架，那么，夫妻的吵架问题就很容易解决，父母会因为孩子的懂事而欣慰，说不定因为考虑到孩子，夫妻两人还会停止吵架。

不能把自己置于局外人的位置，对父母的争吵不闻不问、冷眼旁观、熟视无睹，自称"小孩不管大人的事"。必须搞清楚谁是谁非，否则，会把父母变成自己的出气对象，两人吵变成三人吵。

张浚是家里的独生子，自然从小就被父母溺爱。仗着这种溺爱，他对父母说话时很少注意方式。有一天，父母因为他们的朋友举行婚礼时的红包问题产生了一点小争议，一个说送得多，一个说送得不多。张浚不耐烦了，大声对父母说:"不就是送钱吗,有必要如此吵来吵去吗? 烦死了。"父母听了更加生气了,只听见妈妈说:"你知道什么,一送就是500,不当家不知柴米贵。"爸爸也开口了:"烦就滚出去,还嫌我烦。"

就这样,场面更混乱了。 还有的子女偏袒一方,有意或无意地站在父亲或母亲一边,指责对方,导致父母子女的关系更加错综复杂。

一般,父母吵架后会出现三种情况:

一是双方僵持,谁也不肯让步。 这时,最需要的是子女的安慰,发挥好润滑剂的作用。 不妨这样对你父亲说:"爸,您可是个宽厚大度的人,现在怎么和您老婆这么计较啊。"相信他听了这样的话,便能在微笑之后冷静下来,使大事化小、小事化了。 劝母亲时,可以这样说:"爸可是已经放下架子了,正准备去菜市场买些大闸蟹(当然是母亲喜欢吃而又不舍得买的),给你做顿好吃的赔罪呢!"相信妈妈会因为大闸蟹太贵而去阻止你爸,这样,你的"阴谋"不就得逞了吗?

二是吵架后,双方都感到后悔,但出于自尊心,谁也放不下自己的架子去重归于好。 做子女的应该创造各种机会,为双方搭桥,暗中巧妙周旋,让双亲言归于好。 这时,可以找一个人帮忙。 例如:"爸、妈,我有朋友要来我们家拜访,还说好要见识你们两位的手艺呢。 爸的红烧茄子和妈的烧带鱼都得好好做啊。 要不,我的脸可就掉地上了。"或者削一个苹果,说:"妈,这是我爸给你的,他怕你不理他,让我给你拿过来。"吃了苹果的妈妈肯定会怒气全消的。

三是一方想和好,另一方却依旧有气在心。 此时,子女要发挥好沟通传递作用。一般情况下，疼爱孩子的父母往往经不住孩子的感化，几经劝说，就能和好如初。无论怎样，都要十分有耐心，不能操之过急，还要讲究方法，见机行事。

巧妙化解与父母之间的争执

在孩子的眼里，父母似乎永远不会让自己"自由"；在父母的眼里，孩子似乎一直是"天真"的代名词。当你就某事与父母产生分歧，父母也不愿意迁就你时，你应该运用怎样的说话技巧说服父母呢？

与父母意见不一致时，很多人会与父母顶嘴，唇枪舌剑地理论，也有一些人选择沉默地忍受，掩饰自己的不满，再或者与父母冷战，一走了之……在某种程度上说，这样做可以在当时发泄一下情绪，却会伤害你与父母之间的感情，而且也不利于培养你和父母相互尊重的习惯。因此，应该学会怎样与人交流，以建设性的方式处理你与父母的不一致的想法。

下面不妨看看这样一个例子：

小王来北京出差时，遇见张敏。两人一见如故，很快便成为了无话不谈的密友。小王出差结束了，只得离京，临走前她把地址、电话都留给了张敏。

没过多久，张敏也出差，恰巧是小王所在的城市，于是，她给小王打了个电话。两人在小王家见面了，久别遇知己的感觉。等张敏走后，小王的父母发话了："你为什么要交这样的朋友？我看她不尽如人意。"小王一听，不乐意了："我交什么朋友，你们都不满意。""我们这是为你好，怎么这么不懂事？""你们看着好就一定好吗？你们觉着不好，就不能来往吗？"父母顿时火冒三丈，开始骂了起来。小王突然觉着这样说话不对，马上缓和了语气："你们这是为我好，我也知道，张敏和我属于同一个集团，做事干练，人也挺好的。而且，张敏很小就成了孤儿，挺可怜的。再说了，我都这么大了，已经能分清是非了。"父母听了小王的话，态度也缓和了下来。

父母与子女有口角是再平常不过的了。一个人看问题的角度往往与他（她）过去的经历和现在的状况有关。因此，每个人的看法都有一定的道理。与你相比，父母知道更多的人情世故，考虑问题会比较周到，有时也会显得偏执。而你呢？由于思想比较开阔看得开，容易接受新东西，却也有时考虑问题不全面。如果你既能看到对方意见中不合理的成分，也能看到其中有道理的一面，就不仅能"化干戈为玉帛"，还会得到有益的借鉴。

当你与父母产生分歧时，不如先冷静下来，想想父母为什么会有这样的看法？其中是否有一定的道理？最好先肯定父母观点中有道理的一面，再解释个人的观点。即使你完全不同意父母的意见，也不可大声嚷嚷，目无尊长地与父母说话，否则父母会因此感到伤心难过。如果你觉得当时无法控制自己的情绪，可以先找个地方避开争吵的风头，等大家都心平气和的时候，再讨论这个问题。

如果你与父母中的一位关系更亲近，就可以先与他（她）沟通，争取先说服他（她）。然后，你们一起去说服另一位。当然，你也可以请好友来家里一起参与你和父母的讨论。如果父母知道与你同龄的孩子也有与你类似的想法，也许他们能更理智地接受你的意见。

解决争端的过程是一个相互协商的过程，对方的权利理应得到尊重。和你一样，父母有权坚持自己的意见，当然也有权表达因反对而产生的不愉快。作为孩子，你应该尊重他们的权利，只有这样，他们才能尊重你的权利。

多一些了解，少一些冷漠；多一些关爱，少一些摩擦；多一些鼓励，少一些责备。如果我们能设身处地地思考父母的想法，站在他人的角度看自己，也许和父母的争执就不会那么激烈了。

婆媳沟通的三大暴力语言

1. "妈，您不懂……"

在处理家务事或者照顾小孩子时，年轻儿媳妇最常说的怕要数这句话了。但是，想要避免战争吗？那就快快打住，因为这种话最伤老人心。虽然现代化的家电她不会使，现代化的育儿方法她没听说过，现代社会中的人情世故她弄不明白，但是，这一切并不代表她没能力、没见识，更不影响她拥有自己的儿子和孙子。

而儿媳的一句"您不懂"却完全把她排除在整个事件之外，不亚于明明白白地告诉她："您什么都不知道，就别掺和了。"所以，不妨改说"妈，请您告诉我……"

2．"我儿子（我闺女）……"

很多疼爱宝宝的妈妈常会不由自主地当着婆婆的面说"我儿子如何如何""我的宝宝怎样怎样"……婆婆听了这些心里却会大大地不以为然："什么我儿子我儿子的，宝宝还是我老李家的大孙子呢……"这类带有强烈归属感的"我儿子"的叫法本来是没有什么错的，但是却很容易让婆婆感到危机感，仿佛孩子和爷爷奶奶家没关系，又好像是带了这么久的孙子白带了。

在婆媳关系中，恰是这类有很强指代范围的词语会引发战争。所以，不妨改称"您孙子（您孙女）……"

3．"你妈……"

对于大部分儿媳妇来说，把婆婆当成亲妈几乎不可能，而在跟老公说起婆婆时，"你妈如何如何"就成了口头语。

但是，事情就是这样奇妙，尽管婆婆没把你当亲生女儿待，但当她一听到你在背后用"你妈"来称呼她，多少还是有些不痛快。毕竟，这个"你妈"其实已经表明了你对她的态度，"这是你妈，不是我妈，别指望我把她当成亲妈来对待"。因此，不想莫名其妙地看到婆婆不悦的脸色，又想区分婆婆和亲妈，人前人后不妨多叫几声"咱妈"。

第十二章

非暴力沟通有助于孩子的教育

"语言暴力"对孩子危害很大

在日常生活中，大多数家长在教育孩子时，不经意间会使用一些挖苦的字眼批评孩子，他们也许认为这种教育方式很有效，或认为这是不得不采用的教育手段。然而他们不知道的是，事实上，他们此举会摧残孩子的心灵，是在用"语言暴力"伤害孩子。有关教育专家认为中国教育的普遍现象就是在孩子的心灵上实施"语言暴力"。中国的很多孩子都体验过这样或那样的"语言暴力"，导致很多孩子产生焦虑和自卑的负面情绪。

欢欢的妈妈年轻时曾梦想当钢琴家，但是因为各种原因未能实现，于是生下欢欢后就希望欢欢替自己实现梦想。虽然家里经济条件不是很好，可是欢欢的妈妈也不吝啬花钱请家教辅导。欢欢从五岁开始练钢琴，妈妈每天在欢欢耳边念叨："妈妈所有的希望都寄托在你身上了，你千万要用心练习。"欢欢非常懂事，现在虽然上小学，课业也很繁重，但是每天放学回家，她第一件事就是坐在钢琴前。但是很遗憾，欢欢并没有很好的天赋，进步很不明显。欢欢为此感到很难过，妈妈还因此经常责备她。

这天，欢欢放学后一到家，妈妈先让欢欢演奏一首练习曲。可是，欢欢完全不在状态，弹错了好几个音。欢欢还没弹完这首曲子，妈妈就发火了："你简直是笨死了，也不知是遗传了谁，这么简单都弹不好，干脆别学了！太笨了！简直无可救药！"妈妈的话说完，欢欢的眼泪像断了线的珠子不停地流着，眼睛肿得像核桃，她很想告诉妈妈："我真的已经很努力了，可是怎么还是学不好，我为什么这么笨呢？"可是她心里又很害怕。

　　这样的状况时常发生。久而久之，欢欢变得内向了，也变得更加自卑了，跟妈妈之间的话也越来越少了。

如果你仔细观察，每天都会上演这样的悲剧。其实，家长内心都是爱护孩子的，爱得越深，要求也就越高，但是他们并没有意识到对孩子恨铁不成钢的责骂也会成为"语言暴力"。语言暴力有时是暴力的凶器，而孩子就是牺牲者。孩子的心灵十分脆弱、敏感，他们无法用客观的眼光看待一些问题，抗挫折能力很差，对家长的"语言暴力"根本无力招架。大多数情况下，家长无心的一句话，会给孩子的内心深处留下永远不可磨灭的阴影。

话语的杀伤力远远超过肉体上的折磨。因为肉体上的疼痛是短暂的，而语言刺激的是内心，会持续很长时间甚至永远不会消失。所以，家长在履行教育义务的时候，既要重视教育方法，也要注意言行的谨慎。无论发生什么，都不应该让孩子遭受"语言暴力"。因为家长的讥讽、不信任很容易伤害到孩子的自尊心。那么，怎样才能避免"语言暴力"的发生呢？

1. 不要在孩子身上寄予过高期望
很多家长都对孩子抱着很高的期望，一旦孩子不能达到自己的预期目标，就会感到非常绝望，导致控制不了自己，讲很多伤孩子的重话，孩子根本承受不了，自尊心和自信心都受到严重打击。 事实上，只有少数人是天才，其他的都是很普通的孩子，做父母的应该以平常心看待，失望会少一点。

2. 以平等的心态对待孩子

之所以有家长会采用"语言暴力"的方式，源于他们自认为拥有此项特权。 这种想法是将自己看得高于孩子，孩子们的内心世界因此被忽视。 对孩子的不尊重可能导致他们心理的不健康发展。他们也许会产生逆反心理，从而走向家长期望的对立面，也可能承受不了过多的压力，开始沉默寡言。 因此，当你想要批评孩子的时候，尝试放低心态，与孩子平等沟通，这样才能真正走进孩子的内心世界。

3. 孩子犯错不能慌，自身情绪控制好

家长往往在生气发怒的时候说出一些不合时宜的话，甚至说一些很重的气话让自己悔恨终生。 家长每到这个时候需要保持冷静，尝试做一些能让自己冷静的事情。 慢慢放松下来，你会发现事情还有很多希望和转机，孩子也是有很多优点的。 家长倘若多想想孩子的优点，怒气也会慢慢"熄火"，接下来再和孩子讨论对错，以防偏激的言语脱口而出。 其实，孩子也有他们认为对或错的地方，他们心里可能也知道自己做错了，可如果一味地指出他们的过错，孩子便会很自然地产生逆反心理。

不过，需要注意的是，不使用"语言暴力"，不等同于没有底线。 孩子的自律意识不强，如果他们认为大人不会惩罚他们的过错，他们就会接二连三地犯错。 所以，家长必须要有自己的原则，

使孩子懂得什么是对，什么是错。 我们需要注意方式、方法，想要责骂孩子之前，要三思而行，想清楚这样去说到底妥不妥当，对孩子会不会造成心灵上的伤害。

学会用道理教育孩子

在家庭生活中，很多家长都因为平时工作繁忙，陪孩子的时间很少，所以在与孩子相处过程中懒得和孩子讲道理，而是直接动用家长的权威强迫孩子听自己的话。 还有很多父母即使知道应该讲道理说服孩子，却不知怎样才是正确的方式。 他们经常把讲道理与说教混淆，孩子只当作是耳旁风，日子长了，家长们认为讲不讲道理也无济于事，索性不再采用这种教育方式，又回到了最初的那种"强权统治"。 可是，如果家长只是一味说教而抛弃道理，孩子很可能对家长不服，久而久之，亲子间也就会慢慢出现一些不可弥补的裂痕。

5 岁的晴晴跟着妈妈去姨妈家串门。姨妈的儿子叫烁烁，只比晴晴大几个月，他们很喜欢和对方玩。烁烁找出一个遥控的玩具火车，得意地对晴晴说："这是妈妈送给我的，很棒吧？"晴晴目不转睛地盯着小火车在地上呜呜地跑，羡慕不已。晚饭过后，妈妈和姨妈闲聊了几句之后就打算带晴晴回去了。晴晴得知自己要离开了，便跑进睡着的哥哥的房间，悄悄地把刚才那个小火车捧了出来。

妈妈见此很不开心，说："你可真是不懂事，怎么随便拿哥哥的玩具呢？还不快还回去！"晴晴听后不但没有照做，反而将小火车抱得更紧了。妈妈看到晴晴这样更加气愤了，于是提高了音量："你敢不听话，是不是想挨打？"眼看着晴晴的眼泪要流出来了，姨妈赶紧拉开了晴晴的妈妈，她蹲下身来，和蔼地对晴晴说："你觉得这个小火车很好玩，对吗？"晴晴点了下头。姨妈继续说："可是烁烁同样喜欢它啊，如果他明天发现小火车不见了该有多难过。"

听到这里晴晴歉疚地低下了头。姨妈又说："如果其他孩子去你家玩，偏要带走你喜欢的玩具，你会高兴吗？"晴晴摇了摇头："我会不高兴。我做错了，我现在就把小火车还给哥哥。"姨妈欣慰地摸了摸晴晴说："真是个乖孩子。别人的东西无论你多喜欢都不属于你。既然你很喜欢这个遥控小火车，过几天姨妈再买一个送给你好吗？""好。谢谢您。"晴晴的脸上露出了开心的笑容，她抱着小火车送回了烁烁的房间。

用道理说服孩子会取得很好的结果。 如果家长对待孩子犯错的态度不是打就是骂，孩子的心灵会受到伤害，还会激发孩子的反抗心理。 家长要耐心地跟孩子沟通，让他们明理，让孩子认清哪里做错了，他们才会明白下次应该避免这样的错误发生。 也许很多父母认为孩子还没长大，大人们口中的道理他们很难明白。 殊不知孩子的领悟性很强，如果父母将道理用通俗的语言讲解，孩子都可以听明白。 反之，若是父母疏忽这一过程，一味地说教呵斥，不仅会在孩子心中没有地位，还会对孩子产生不良的影响，说不定孩子以后也会变得蛮不讲理。

用讲道理的方式教育孩子既是尊重孩子的表现，也是与孩子沟通顺畅的重要方式。耐心教导，善解人意，是优秀父母的标志。此外，教育孩子时耐心不可少，还要注意孩子的性格特点和内心想法，灵活选用适当的方式，这样才能让教育起到应有的作用。

1. 时机很重要

其实孩子和成人一样，心情好时更容易接受别人的意见，心情不好时情绪就很容易不稳定。所以，在和孩子讲道理之前，要了解孩子现在的心情好坏，趁他情绪平稳时教育他。如果当时孩子的情绪不稳定或比较偏激，那么说教是收效甚微的。例如，孩子比较激动地顶撞父母，父母不必马上就对孩子进行说教，不妨给孩子空间，让他平复心情，等他静下心来再进行教育，此时大多数孩子很容易意识到自己错在哪里，也就会听从父母的意见。

2. 态度要端正

有些家长在跟孩子讲道理时，经常唯我独尊似的说教孩子，这也会造成孩子的不服从。强迫孩子接受自己的想法，会在不经意间与孩子为敌。可是，家长如果能在讲道理时多用建议的方法，尽量使用询问或商量的口气说话，完全从孩子的角度出发，孩子感觉不到强制和限制，就会降低防范和敌对心理，将家长的话听进心里去。

3. 不能无理辩三分

对孩子进行教育要有事实根据，不可胡编乱造。如果孩子发现父母的话不真实，就不会再信任父母，父母以后要是还想用讲道理的方式教育孩子，孩子自然不会当回事了。另外，父母一定要以身作则。如果父母要求孩子做的事情自己都做不到，父母在孩子心中就会言而无信，也会放松对自己的要求，对父母的话更会充耳不闻。例如，很多父母在平日里喜欢吃零食，却对孩子讲零食对身体的坏处，这样怎么能让孩子完全信服呢。

4.试一试迂回的策略

迂回的策略就是把道理婉转地讲述出来，即换一种方式呈现出来。例如，五六岁的小孩喜欢有趣的故事，家长便可以以此为契机，投其所好，给孩子讲一些生动有趣又富有深刻寓意的寓言故事，让孩子边听故事边体会其中蕴含的道理，一举两得。孩子渐渐长大一些后，陪孩子一起看科教片也是个不错的选择，一边看一边同孩子就相关内容进行交流，让孩子在观看科教片的同时认同家长的道理。

要分清场合批评孩子

家长总是不分场合地批评自己的孩子。在一些公共场所，例如超市、车站、银行等，很容易见到家长打骂孩子，或者家长当着孩子朋友的面非打即骂，置孩子的面子于不顾。很多家长在公共场合管教孩子，是为了让孩子长记性；还有一些是由于孩子让自己在众人面前下不了台，因为无法控制自己的气愤而对孩子加以指责。无论如何，不分场合地管教孩子，孩子都会觉得自己颜面扫地，一点自尊心都没有了。

晓宇跟妈妈一块儿去参加一场婚宴，妈妈坐的这桌小孩子只有晓宇一个。一桌人天南海北地聊着天，坐在妈妈旁边的晓宇无聊地东张西望。喜宴开始之前，冷盘已经上桌，那新鲜的大虾、香喷喷的牛肉片，晓宇看得口水直流。趁妈妈没注意，晓宇一时忍不住，伸手从盘子里抓过来一只大虾想要吃。妈妈立刻拿起筷子敲晓宇的手背，气愤地说："不许吃。我没教过你吗？不许先吃，没礼貌。"

晓宇的手抬起也不是，放下也不是，发现一桌人的目光都聚集在自己身上，被吓得眼泪在眼眶里打转。身旁的大人都劝道："小孩子容易饿，让他吃吧，没关系。"妈妈坚定地说："这怎么行，越惯着他越不像话。"她脸色一沉，对晓宇说："就会吃，一点礼貌都没有，往后再参加这种宴会不带你来了。"晓宇很委屈，一把扔下手中的虾，离开座椅，迅速地跑向门口，妈妈不得不在后面追他，全大厅的人都盯着晓宇妈妈看，妈妈感觉很没面子。

有时孩子在公共场合行为不当，是很正常的事情，非常值得理解。这种时候，家长一定要注意教育孩子的方式方法。像晓宇妈妈这样当着众人面教训孩子，肯定会使孩子自尊心受到伤害，恶化家长与子女间的关系。无论孩子年纪多大，孩子都有自己的面子。如果家长在外面当着很多人的面打骂孩子，孩子会感到很没面子，会怨恨父母，双方的感情也会受到伤害。

任何人都不愿意在公共场合受到批评，更何况小孩子。 孩子心灵脆弱，心智没有发育成熟，自尊心被伤后很难恢复。 如果家长不顾及孩子的自尊心，随时随地批评孩子，会让孩子不满，有时候孩子会在外人面前直接反抗，让家长同样很难堪。 所以，选择恰当场合来批评孩子很重要。

1. 不在外面批评孩子

在公共场合对孩子进行批评，既会对孩子造成伤害，也会使孩子对父母产生抵触的情绪，甚至会扭曲孩子性格。 一个人经常在众人面前丢脸，今后会在受到别人欺负时无法应对，这对孩子的心理健康很不利。 此外，在公共场合责骂孩子，会影响父母的形象，他们在孩子心目中的位置也会降低。

2. 不当着孩子的朋友的面批评孩子

当孩子的朋友到家里玩时，有些家长常会拿自己的孩子与别人的孩子相比较，也常会表扬孩子的朋友。 例如："这孩子真勤劳，我们家乐乐没你懂事，他在家懒得很。""莹莹还不如你一半聪明，做她的家长可不省心。"家长的本意也许是以此激励孩子进步，却不曾想到，孩子会觉得自己在朋友面前很没面子。 因此，有孩子的朋友在场时，也不要轻易批评孩子。

3. 身体语言很关键

大庭广众之下，孩子做了错事，家长不能置之不理，但此时要巧用合理的方式和方法。 比如，向孩子眼神示意，对他摇摇头，低调地阻止他等。 这样既给孩子留足了面子，也有助于孩子改正错误。

4. 选择适当的批评时间

家长批评孩子尽量不要在早晨、吃饭时、睡觉前。 原因是一大清早就批评孩子，会影响孩子一天的心情；一边吃饭一边批评孩子，孩子的食欲会受影响，长此以往不利于孩子的健康成长；睡前批评会干扰孩子的睡眠，孩子的身体发育会受到影响。

用赏识的眼光看待孩子的调皮

大部分孩子都是调皮淘气的，但在大多数家长的眼里，似乎只有文静、听话、老实才是好孩子的标签。 对于调皮好动的孩子们，多数家长往往会忽视了"淘气"背后那活泼机灵的本性，将注意力放在孩子因为"调皮"而造成的"不良后果"上，对孩子从中表现出来的闪光点视而不见。 很多家长对孩子这样的表现采用消极方式进行教育，这会给孩子们的幼小心灵造成很大的伤害，甚至容易引发严重的后果。

小池今年刚满 5 岁，非常活泼调皮，总是不听话，爸爸妈妈为此很伤神。过生日时，妈妈送给他一盒水彩笔。从此，小池就爱上了绘画。没事的时候，他就坐在茶几旁的小板凳上心无旁骛地画画。爸爸妈妈总是表扬他画得很好，小池听了更是劲头十足。

有一次，妈妈去厨房准备晚饭，只留下小池独自在客厅。

她为小池准备了很多张白纸，对小池说："妈妈要做晚饭，你自己乖乖画画好吗？"小池懂事地点点头，说："没问题。"看着小池在纸上画下了各种图案，妈妈就放心地离开了。然而当妈妈再回到客厅的时候，眼前的一幕把她惊呆了——小池的画板不再是白纸而是客厅洁白的墙壁。顺着画迹低头看，白色的真皮沙发上也全都是水彩笔道。

妈妈愤怒中举起了手要打小池。小池嘴一瘪哭了起来，边哭边委屈地说："我觉得墙上没有图案，一点都不好看，所以才给它画画的。沙发是不小心蹭脏的。"这时气急败坏的妈妈再也不想听小池的"狡辩"，一把抓过小池的小手打了一下。小池觉得自己被冤枉了，他想不通为什么会挨打，而且在他看来，现在的墙面比起以前要好看许多，而爸爸妈妈也常夸他画得好，那在墙上画怎么就不可以呢？

多数研究表明，"淘气"的小孩一般比较好动，求知欲强烈。有句俗话叫"淘丫头出巧，淘小子出好"。多数情况下，人们认为淘气的孩子聪明、想象力丰富、动手能力强。要是教育得好，小时比较淘气的小孩子长大以后会比那些循规蹈矩的小孩子成就更大，但是现在很多家长不认可淘气的小孩。因为在他们看来，这种小孩不听话，不易管教，令人头疼。可家长们却不知道，在他们迫使孩子听话的同时，孩子的无限创造力和想象力也说不定被抹掉了。

当孩子成长到一定程度时，淘气是一种避免不了的情况。这个时候，父母对待孩子淘气的态度不应该是加以限制，不该把他们探索新奇世界的行为判定为不正确的。家长应当使用恰当的教育方式，以不违背孩子心理状况为前提，让孩子拥有自控能力。

1. 要时刻注意关心孩子

当家里有客人时，大多数父母都想让孩子离远一点，唯恐孩子不听话而惹祸。 要知道孩子在这种时候不听话的原因不外乎就是认为自己不被关心，为了吸引大人的目光。 家长在会客时，不应该对孩子不闻不问，也应适当地谈论一些孩子可以参与的话题，比如最喜欢看的动画片，在幼儿园的小伙伴等，这会让小孩子产生一种大人们在关注他的感觉，他会很主动地参与交谈，也不会故意制造事端来吸引注意。 与此同时，家长也能更了解孩子，有利于家长和孩子之间感情的交流。

2. 让孩子始终保持兴趣

一般孩子都是活泼淘气的，要是很长时间没有什么有趣的事物调动他们的积极性，自然会感到不耐烦。 因此，父母要在孩子无事可做的时候安排一些活动，防止孩子用"淘气"来表达自己的不满情绪。 例如，如果孩子要等待家长很长时间，父母应在此之前为孩子备好小食品、玩具等，或是教他一些可以一个人玩的小游戏，让孩子有事可做，专注于一件事上，就不会因为不耐烦而淘气闯祸了。

3. 经常讲一些常识和规则给孩子听

家长要经常给孩子讲一些社会常识，如在别人家做客时要讲礼貌，在车厢里乱跑乱动不安全等，也可以用奖励的办法来帮助孩子自觉遵守社会规则。 但事实上，孩子生来喜欢活动，不应过分抑制，孩子的自我控制能力会随着年龄的增长而越来越强。

用理性的家庭教育培养孩子

家长们都知道孩子不能过分宠爱，不能娇生惯养，不过并不是所有的家长都明白什么行为是正常关爱，什么又是溺爱。很多家长根本无法把握教育孩子的"度"，还有些家长见孩子一哭闹马上就心软了，明明知道这样是不对的，还是把自己的原则丢到了一边……这都是因为家长没有用科学的方法教育孩子。也就是说，很多家长教育孩子的方式根本就是不理智的。

最近，昭昭的外公和外婆来看他。他们对小外孙心疼得不得了，因为一年只来两三次，所以每次只要过来，就会给昭昭买一大堆好吃的和好玩的。昭昭看到外婆和外公很高兴，并且因此也不太听父母的话了。这一天，该吃中午饭了，昭昭仍然趴在地上玩玩具，妈妈好几次喊他吃饭他都不理。

外婆盛了一碗饭想去喂自己的外孙，不过妈妈立刻用眼神制止了。妈妈和颜悦色地对昭昭说："昭昭是不是还不想吃饭？"昭昭点了点头，妈妈又说："你不吃的话我们就先吃了。"昭昭还是没在意。于是妈妈不再理会昭昭，开始和姥姥姥爷一起吃饭。没多久，昭昭玩累了，回头发现自己最爱的大虾快被吃完了，于是他赶紧爬上椅子，要去拿筷子夹大虾。妈妈抓住昭昭的手说："你洗了手才能吃饭。"昭昭嚷嚷着说："如果我去洗手的话，我的大虾就没有了！"妈妈笑着说："是你自己不要和我们一起吃饭的，刚刚那么多你都不来吃。"她看了看昭昭，又说："快去洗吧，大虾都给你留着。"昭昭飞快地去洗了手，回来就开始吃饭，而且很香地吃完了饭。

在接下来的日子里，只要到了吃饭的时候，昭昭就会乖乖坐好，不用妈妈叫他，而且都会把饭吃完。外婆不禁佩服起了女儿的教育方法。

在碰到昭昭妈妈遇到的情况时，许多家长的处理方法都不对：孩子不想吃饭就跑去喂；孩子想要玩具，家长就去买。时间长了，孩子就会变得不讲道理，不懂节约。当然，教育也就失败了。家庭教育需要理智，如果在教育过程中情感淹没了理智，纵容又迁就孩子，那么孩子就不能健康地成长。

宋代司马光说："为人母者，不患不慈，患于知爱而不知教也。"意思就是说，母亲不爱自己的孩子不会让人担忧，最让人担忧的是她只知道爱孩子，但是却不能用正确的方法教育孩子。家长只知道爱孩子是远远不够的，还应该知道怎么教育，掌握一些科学合理的教育方法。

1. 家长要先"自我教育"

当今市场上有关教育孩子的书籍应有尽有，网上的资料和例子更是数不胜数。家长可以多看多学习，结合专家意见和别人教育孩子的经验，以及自己孩子的实际情况，给孩子制定合理正确的教育方法。

2. 做决定前想几秒

家长面对孩子的要求时，不妨思考几秒再选择答不答应，想一想这东西对孩子有没有用，有没有买的必要，这么做应不应该，避免一时冲动对孩子的任何要求都答应，给自己几秒钟，让自己做出的决定真正有利于孩子的发展。

3. 奖惩要有法

对孩子进行教育既要有奖励，也要有惩罚，但是应该慎重奖惩，不能随意。 有的家长用物质奖励来激励孩子好好学习，就算这样可以达到一定的效果，却很容易让孩子歪曲学习的意义，不利于孩子形成正确的价值观。

4. 教育孩子避免情绪化

家长心情好的时候就和颜悦色地对待孩子，对他们宠爱有加，但是不高兴的时候就恶劣地对待孩子，或者漠不关心，这样的家长会使孩子对他们失去信任。 家长如果能在孩子面前克制住自己的情绪，就会使孩子尊重自己，教育效果也会更好。

巧妙拒绝孩子的无理要求

当今中国有很多是独生子女家庭，家中的孩子多是"小公主""小皇帝"。 只要是孩子提出的要求，很多家长都不会考虑是否合理，不考虑是否符合家庭状况，全部满足。但是，家长不管孩子的要求是否合理，盲目满足他的各种无理要求，就成了溺爱，不利于孩子的健康成长，只会让孩子淹没在物质的世界里，让孩子变得自私，变得以自我为中心。这样下去，如果孩子的要求一旦家长满足不了，孩子甚至还会有仇恨心理。

上初一的小辛从小在家人的娇惯下长大。虽然她的家境并不富裕，但只要自己喜欢的东西，爸妈都会尽量给她买。比如，在小辛小的时候，有一次妈妈带她上街，碰到一个穿着漂亮连衣裙的女孩子，小辛立刻缠着妈妈也要一条那样的连衣裙。妈妈被小辛闹得没有办法，只好去问小女孩的连衣裙是从哪里买来的，然后买了一条给她，小辛这才不闹了。

在小辛的班上有些孩子家境不错，孩子们的衣服都是名牌的，这让她羡慕、嫉妒。小辛常常大声嚷着不穿妈妈给自己买的那些"破"衣服了，也要穿名牌衣服。妈妈觉得很为难，说："我们家里没有那么多钱。"不过小辛并没有妥协。

这天，小辛又跟妈妈要几百块，说要买礼物送给班上一个过生日的女孩。妈妈说："你们都是小孩子，送礼物都花的是爸爸妈妈的钱。不要买那么贵的东西。"小辛噘着嘴说："别人都买那么贵的东西，我要是送便宜的多不好。"妈妈告诉她没有钱，小辛很不开心地一转身走了。

到了第二天，妈妈的钱包里少了几百块钱，后来得知这钱被小辛拿去了。小辛的父母后悔极了，因为一直纵容孩子，最终竟然导致孩子偷家里的钱花。

上面的例子告诉我们，家长满足孩子的各种无理要求，并不是真正地对孩子好，反而不利于孩子的健康成长。首先，一般家庭的财力不可能满足孩子层出不穷的无理要求；其次，如果太宠爱孩子，孩子就会为所欲为。所以，家长对孩子的要求首先应该先做出区分，如果要求合理，可以满足；如果要求不合理，就不能纵容，并告诉孩子这种要求是不合理的。

如何拒绝孩子的无理要求是需要一定技巧的。假如表现得很粗鲁，孩子会觉得难以接受。孩子大哭大闹，更有可能导致家庭暴力。那么，有什么技巧能让孩子放弃自己不合理的要求呢？

1. 以理服人，让孩子明白自己要求的不合理

孩子向家长提出的不合理要求是有其深层思想根源的。只是简单地拒绝孩子，孩子不知道自己哪里做错了，就会出现不满情绪，所以，面对孩子的无理要求，家长要告诉孩子不能满足他的要求的原因，这样他们也就会自动放弃了。

2. 坚持如一，任何时候都不满足孩子的无理要求

随着自己的心情以及家庭经济状况的变化，家长对孩子的要求也会随之变化。有的家长刚开始时会拒绝，但一旦孩子软磨硬泡就无法招架；有些家庭父母意见不一致，如果父亲拒绝那么母亲给予满足，或者祖父母满足父母不能满足的要求，这样孩子就不明白什么是不合理的要求，还会让孩子经常投机取巧。所以，家长的意见应该一致，不管什么情况下，只要是无理要求都不能满足。当孩子明白这一点后，自然也就不会去投机取巧了。

多鼓励孩子，让他更自信

很多儿童教育专家都十分强调鼓励孩子。 研究表明，鼓励是使孩子获得自信心的最主要的方法。 一位著名的教育家曾多次提到："孩子离不开鼓励，就好比人离不开空气。 没有鼓励，孩子将无法健康成长。"由此证明，鼓励对教育孩子来说有很多的好处。 不过很遗憾，许多父母并不注重鼓励，他们更注重如何矫正孩子的错误行为，很少考虑孩子的行为究竟表现了怎样的心态；有的父母在孩子犯错后只会进行打压或批评嘲讽，孩子的信心受到严重打击。 事实证明，缺乏鼓励的孩子大都缺乏自信心，很难获得成功。

晓丽天生有一副好嗓子，歌声很美，也不跑调，常在家唱给爸爸妈妈听，爸爸妈妈都觉得她很有这方面的天赋。但是晓丽性格内向，不敢当众唱歌。有一次，晓丽的学校举办合唱比赛，要找一个领唱的女孩。晓丽回家告诉了妈妈，妈妈鼓励晓丽去报名。晓丽非常愿意，但又担心唱不好会被大家笑话。妈妈明白了晓丽的忧虑，鼓励晓丽说："妈妈认为你比别的同学唱得都好听，妈妈希望你勇敢地尝试一下。你努力了，就不会有人嘲笑你；相反，大家会很佩服你呢！"

在妈妈的鼓励下，晓丽壮着胆子去报名。正如妈妈所料，老师立刻决定让晓丽做了领唱。妈妈得知后很开心，对晓丽说:"妈妈早知道你会被选中,你是最棒的。经过排练,你还会有更大的进步。"晓丽点点头说:"我会努力练的。"演出的日子很快就到了,妈妈特意请假,来为晓丽加油。上台前,晓丽感到十分害怕,妈妈安慰她说:"不用担心,你唱得很棒。一会儿你就看着妈妈的眼睛,想象妈妈就在你旁边,你就像平常在家里给妈妈唱一样。"妈妈的话让晓丽备受鼓舞,超常发挥。观众都被她的歌声征服了,老师和同学们也都对晓丽赞赏有加。这次公共演出让晓丽比以前自信多了,妈妈更是为她高兴。

在孩子看来,他们需要家长的鼓励来给他们信心,来增加他们对生活的热情。而身为家长,孩子在成长中犯错误不可避免,要给予足够的理解和宽容。孩子在成长过程中表现出来的长处,家长要给予充分肯定和激励。当孩子遇到困难时,家长要鼓励孩子正视困难,走出失败的阴影,重获成功。孩子在成长的时候,鼓励是极其重要的,其产生的信心是可以影响孩子一生的。在正确的激励下,孩子才能更全面地认识自己,充分挖掘自己的潜力,进而取得更大的成功。

鼓励是父母在孩子成长过程中所给予的最好的礼物,是孩子进取、向上的动力。孩子在被教育的过程中,鼓励的作用是不容忽视的,它给予了孩子认可和赞扬,也让他们懂得自重。由此可见,为人父母者应当重视鼓励,注重技巧,以便帮助孩子在复杂多变的人生旅程中走得更加稳健,更加踏实。

1. 用具体的方式鼓励孩子

在家庭生活中,父母经常会对孩子说"要认真干""要多用功"等这种抽象、模糊、没有实际意义的话，产生的效果也微乎其微。 对孩子的鼓励要清楚、易懂并且具体，例如鼓励孩子学好英语，父母与其说"你一定能学好英语的"，还不如说"我觉得你对语言很有天赋，一定能把英语学好，你认为是报个班好，还是妈妈买些书和光盘回来你自学？"这样一来，孩子既获得了勇气，也不会不知所措，无计可施。

2. 激将法是不错的选择

人的潜力是无限的，每个人都有不服输的信念。 在孩子做事的积极性不高或者是兴趣不大时，家长可以运用激将法来激励孩子，增强孩子的勇气，使孩子坚持下去。 但同时要注意好分寸的把握，不应使用讽刺性语言，以免引起孩子的反感，取得相反的结果。

3. 适度表扬

家长在对孩子进行鼓励时，要结合孩子的实际情况，不要鼓励孩子去做超出他们能力范围的事情，这样不仅不能增强孩子的信心，还会使孩子因为多次的失败而自卑，丧失积极性，同时还会对家长产生抵触情绪。

发现并重视孩子的长处

几乎每个家长都能挑出孩子的一大堆毛病，但让他们说出孩子的优点时，很多家长都说不出来了，只有为数不多的家长能说出孩子的优点，但仅是少得可怜的几点。 这种情况之所以会发生，并非是孩子的缺点远远多于优点，而是家长不注重发现孩子的闪光点。

宁宁今年刚上初中，因为学习成绩较差，所以在父母的眼里，宁宁身上只有缺点，并没有什么优点可言。一天，宁宁的姑姑来家里做客，妈妈很不高兴地对姑姑说："你看其他孩子的学习都那么好，我们家宁宁怎么就不聪明呢？花很长时间背的单词，过一小会儿就全忘了；数学应用题他也搞不懂……"妈妈的批评让宁宁难过地低下了头。姑姑看了宁宁一眼，对妈妈笑笑说："这样说孩子是不对的，宁宁还是很优秀的。"

妈妈不屑地说："他哪有什么优点？"姑姑说："怎么会没有，我刚一进门，宁宁不仅帮我拿拖鞋还帮我放好包，如今这样细致贴心的孩子很少了。"妈妈想了想，说："是的，我一回家，他都会给我沏杯茶。"姑姑继续说："现在多数孩子玩电子游戏，宁宁不玩吧？"妈妈回答道："他平时的娱乐也就是出去踢足球，或是待在家里看书。"姑姑说："所以他是个懂事的好孩子。你不能只看孩子的成绩，孩子之间的特质不同，成绩难免有差异。宁宁的问题可能是出在学习的方法上，可以让他表哥周末来辅导他。"妈妈很高兴："那最好不过了。他课余学习很努力，再掌握正确的方法，成绩一定会好的。"姑姑和宁宁都笑了。

多数父母都和宁宁妈妈犯了一样的错误，判断孩子的好坏仅凭学习成绩，这样会将孩子的某个缺点过度夸大，而孩子在其他方面的优点就给抹杀掉了。孩子被这样的标准衡量，自然就觉得自己很糟糕。父母对孩子的教育是否成功，关键在于是否能让孩子的特长和优势最大限度地发挥出来。只有知道了孩子的闪光点，才能让他的潜力发挥作用，利用特长优势获得成功。父母如果能够把这些优点放大，就可以帮助孩子知道自己的潜能所在，让他的各种能力得到提高，成为人生的赢家。

孩子的优点被家长发现，能使孩子变得更加积极向上。父母的表扬可以帮助孩子树立信心，对自身的能力有正确的认识，也会自觉加强自己的优势，避免弱势。那么，这么做的结果是否就说明家长可以不去管孩子的缺点呢？答案自然是否定的。家长在发现和放大孩子的优点时，有以下几个问题需要注意：

1. 以乐观的心态看待孩子

以乐观的心态看待孩子是每个家长都应该做到的。其实，对孩子细心观察一下，父母就会察觉到孩子一直在进步。比如，对某些问题的认识的提高，对一些问题分析得更全面；也可以是由学业进步体现出来的科学文化知识的积累增加；还可以是课余活动有突出表现，或是在文体方面有所提高。父母要从孩子每一次的细微进步中发现孩子隐藏的优点，并有意放大这些优点，孩子的优点便会被强化，从而有更大的进步。

2. 将孩子的优点"迁移"

一些父母常常抓住孩子的缺点不放，但往往是投入了很多时间和精力，效果却不甚理想。父母应该将孩子在其他方面所表现的优点放大，再用适当的方式利用优点去影响缺点。比如，孩子对学习缺乏信心，却擅长运动，父母就应从这方面培养孩子，让孩子在自己擅长的领域里获得信心。 与此同时，父母要在恰当的时候给孩子暗示，他只要足够努力便很可能获得成功，这样孩子慢慢也会建立起对学习的信心。

3. 缺点也可以变成优点

单方面强调孩子的优点或是缺点，都不正确。 虽然我们提倡父母多发现孩子的优点，但绝不能忽视孩子的缺点。 父母的帮助可以让孩子将缺点转化为优点。 例如，一些喜欢动的孩子，他们反应快，不过缺乏耐心，父母就可以分配给他们一些有趣的手工活，如组装玩具模型等。 这样既能培养孩子的动手能力，又能够锻炼他们的注意力，培养他们的耐心和毅力。